「居場所がない」人たち

超ソロ社会における幸福のコミュニティ論

荒川和久
Arakawa Kazuhisa

小学館新書

「居場所がない」人たち

目次

序章
「ソロ」パンデミック到来

「日本は、人口の半分が独身者となる超ソロ社会になる」

これは、ある意味、私の代名詞的な定番言葉になっているのだが、勿論《もちろん》それは決して「オオカミが来るぞ」というデマを流しているものではない。事実、そうなるからだ。

日本が世界一の超高齢国家であることは周知のことと思うが、2020年時点の「国勢調査」段階における65歳以上の高齢人口は約3600万人である。しかし、15歳以上の配偶関係別人口（不詳補完値）から、未婚・離別死別を合わせた全独身人口を割り出すと、約4930万人になる。約5000万人が独身なのだ（図1、9ページ）。高齢人口より独身人口が多い「超独身国家」なのである。国勢調査は1920年からであるが、それ以前に人口が今より多かったことはないので、これは、日本史上始まって以来、独身人口がもっとも増えた最高記録を打ち立てたことになる。

「日本の人口の半分が独身者になる」という論説を最初に出したのは、2017年1月に上梓《じょうし》した拙著『超ソロ社会』の中である。「ソロ社会」は私の造語である。

当然ながら、それは私の妄想などではなく、国立社会保障・人口問題研究所（以下、「社人研」という）の2013年時点の「将来推計人口」を元にしたものである。その後、社人

図1　高齢者より独身者の方が多い日本

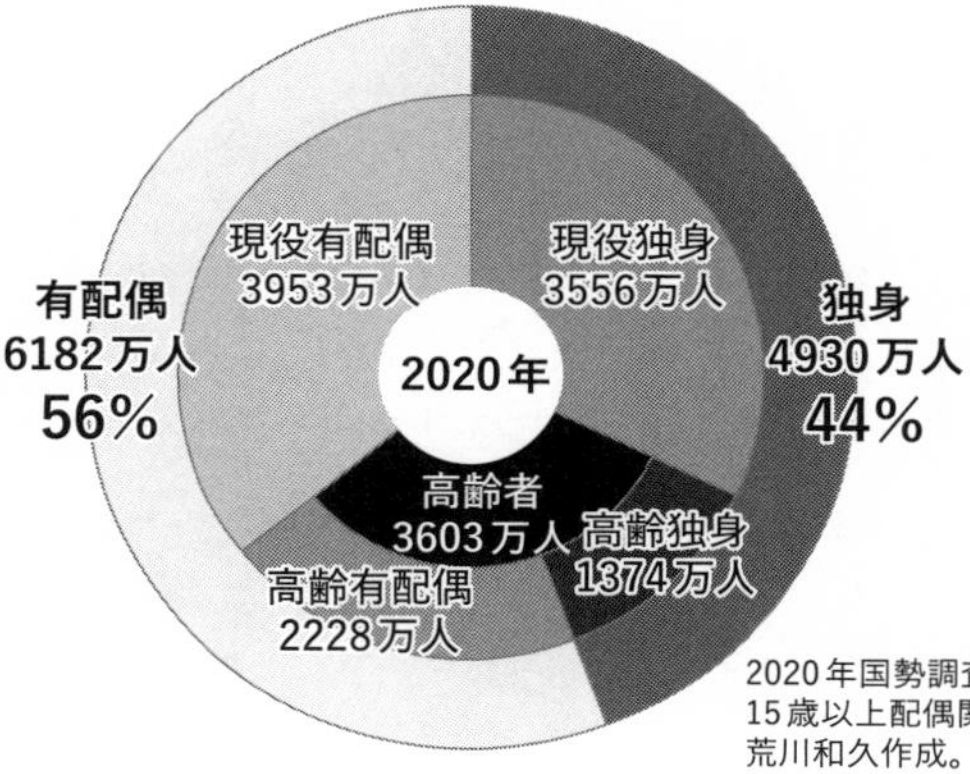

2020年国勢調査（不詳補完値）
15歳以上配偶関係人口分布より
荒川和久作成。無断転載禁止。

図2　国勢調査　有配偶人口と独身人口長期推移（大正～昭和～平成～令和）

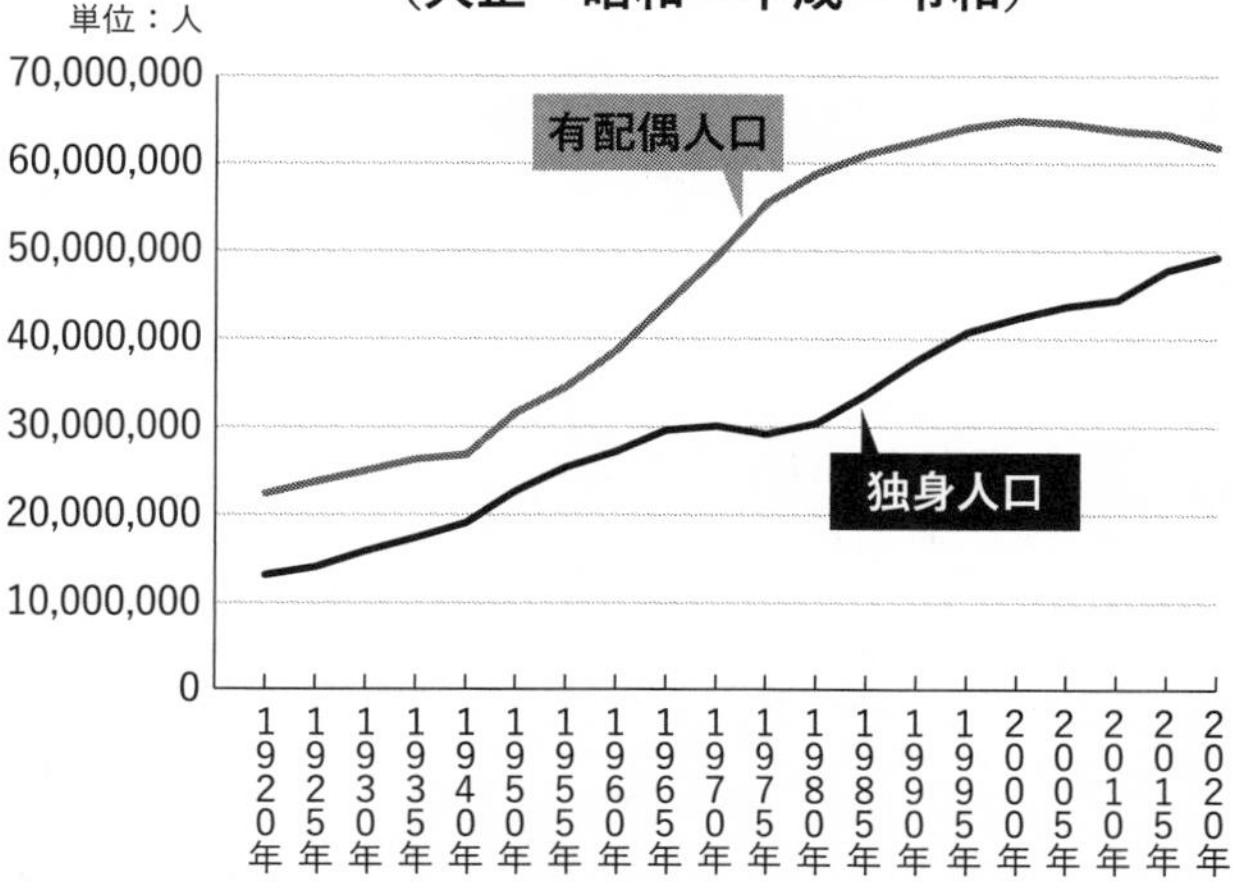

2020年国勢調査より、2015～2020年不詳補完値にて荒川和久作成。無断転載禁止。

研は２０１８年に最新の推計を出したが、そのデータにおいても、２０４０年は有配偶者53％に対して、独身者47％とほぼ半々となると推計されている。

有配偶人口が２０００年をピークに減少しているのとは対照的に、独身人口は１９８０年代から急速に増加している（図２、９ページ）。若い未婚人口の増加だけではなく、長寿化による高齢独身の増加もあるからだ。「日本はソロ社会になる」が決してデマでも大袈《おおげ》裟《さ》でもないことがおわかりいただけるだろう。

有配偶人口が減るのは致し方ない。それでなくても、２０２０年の生涯未婚率（50歳時未婚率）は男性が28・３％、女性17・８％とこれも過去最高である。

婚姻件数は、もっとも多かった１９７２年の約１１０万組に対して、２０２１年は約50万組と半減以下である。結婚が少なくなれば出生数も減る。２０２１年の合計特殊出生率は１・30であり、出生数は約81万人と、これも１８９９年以来の「人口動態統計」の中の最低記録である。

政府は少子化対策と称して、「子育て支援の充実」を声高に叫ぶが、残念ながら、子育て支援は少子化対策にはならない。今までも徹底して子育て支援の政策メインにやってきたが、出生数は右肩下がりであることが何よりの証拠である。

何も子育て支援を否定したり反対しているのではない。むしろ、子育て支援は少子化があろうとなかろうと常時やるべきものであり、未来を担う子どもたちに投資をするのは当然だ。しかし、子育て支援をどんなに充実させても、出生数を増やすことは物理的に無理なのである。

詳しくは、第一章で述べるが、現在の母親が決して子どもを出産していないわけではない。今でも結婚した夫婦は平均して二人以上の子どもを産んでいる。一人の母親が産む子どもの数の比率は１９８０年代とほぼ変わっていないし、むしろ３人以上の出産の比率は、第二次ベビーブーム期の１９７０年代より多いくらいだ。私が「少子化ではなく少母化だ」と繰り返しいっているのはそのことである。出生数が減るのは、子を産む対象である49歳以下の女性の絶対人口が減っているからで、その直接の原因は、１９９０年代後半に来るはずだった「消えた第三次ベビーブーム」による。ただでさえ未婚化で結婚する女性の数が減っているのに加えて、絶対人口そのものが減っているのだから、どう逆立ちしても出生数が増えるはずがないのである。

少子化による人口減少の危機が叫ばれるが、そもそも日本の総人口自体がすでに減少し始めており、その大きな要因は少子化よりも高齢者の多死化によるものでもある。

長寿国家日本では、昭和～平成にかけて、世界でも稀《まれ》に見る死亡率の低い「少死国家」であった。とはいえ、不老不死ではないわけで、いつかは天寿を全うする。こちらも、社人研の推計によれば、今まで長生きしてきた高齢者たちが毎年150万人以上50年連続で死んでいく多死時代に突入する。日本の出生は今後も最大で年間約80万人程度だとするなら、生まれてくる数の倍の死亡者がいることになる。人口が減るのは当然なのだ。実際、2100年には日本の人口は今の半分に減るだろう。

未婚化、少母化、高齢者の多死化という3つの要素によって「ソロ社会」は不可避な現実となる。これは、子どもの数の減少であるとともに、家族の数の減少にもなる。婚姻減、出生減なのだから当然の帰結だ。単身世帯が増え、独身が増える。まさに社会の個人化である。

この流れは止められない。政府の政策でなんとかなるものでもない。我々の価値観や意志によって変えられるものですらない。これはある意味では「パンデミック」といえるかもしれない。2020年春に、瞬く間に全世界に感染爆発したコロナウイルスとは違い、長い世代を通した時間をかけて、徐々に広がっていく。「ソロ・パンデミック」あるいは揶揄《やゆ》的にいうのであれば「ぼっち・パンデミック」というものかもしれない。

ドイツの社会学者ウルリッヒ・ベックは、すでに1990年代において「家族は、資本主義社会での心のよりどころだった。だが、個人化によって家族はリスクの場に変わりつつある」と分析し、従来の伝統的な共同体であった家族は、「すでに死んでいるが、依然として形だけは生き残っているゾンビカテゴリー（死に体カテゴリー）」とまで表現している。日本の高度経済成長を支えた終身雇用はすでに崩壊しているが、家族もまた「終身家族」ではなくなっていくのだ。

ベックと並び称される社会学者ジグムント・バウマンも同様に、「社会の個人化」について言及している。かつては、地域や職場や家族といった安定した共同体の中でまとまって暮らすソリッド（固体）社会の中に個人は属していたが、現代の社会は、各個人が動き回るリキッド（液状）社会となったと表現した。たとえていうなら、絶対に沈むことのない大型客船に乗って目的地まで安心して運んでもらえると思っていたら、いきなり大海原に投げ出されたようなものである。

地域・職場・家族という固体的集団共同体で生きるソリッド社会では、相応に制限や我慢が必要で、不自由を感じることもあったであろう。しかし、そうした不自由を補って余りある安心・安全・安定が提供されていたことも事実である。

リキッド社会においては、人々は自由に動き回れる反面、常に選択や判断をし続けなければいけない自己責任を負わされることになる。これは、「所属するコミュニティ」の崩壊でもあり、まさに現代において各個人に突き付けられた問題といえる。本書の問いもそこにある。

「居場所がない」と嘆く人たちがいる。しかし、居場所さえあれば安心なのだろうか。そもそも、かつてのような安心を提供してくれる居場所や所属先など、今となっては存在しない虚構や昔話になってないだろうか。「どこかに所属すれば、どこかに居場所があれば安心だ」という幻想に縛られ、ゴールも何もない荒野をただださまよい歩いてやしないだろうか。

「所属するコミュニティ」が崩壊する過程の中で、個人主義化が進み、婚姻制度や家庭の価値観も崩壊していくと予言したのはチェコ生まれの経済学者ヨーゼフ・シュンペーターである。彼はそれを「社会のアトム化」と呼んだ。

確かにその通りに、日本だけではなく、世界で未婚化や少子化が進んでいる。シュンペーターは、その原因を資本主義体制による功利主義や競争心によるものだとして、資本主義は崩壊するだろうとも予測したが、その予測は現在もなお的中はしていない。

勿論、行き過ぎた資本主義による歪みは至る所で顕在化している。経済的な格差は存在するし、その経済的格差が親から子へ遺伝するという世代を超えた「親ガチャ」と呼ばれる不平等もある。

しかし、だからこそいみじくもシュンペーター自身が資本主義を定義した時に使用した「イノベーション」の概念が重要になってくる。今ではビジネス界隈《かいわい》で頻繁に見聞きするこのイノベーションという言葉はシュンペーターが用いたことで有名なのだが、それは通常ビジネス的には「技術革新」などと訳されている。日本では、1950年代に出された経済白書で初登場した訳語でもある。

最近では、意識高い系メディアに集う人たちが盛んに上っ面の響きだけでなんでもかんでも「イノベーション」などと多用するものだから、随分と薄っぺらい言葉に成り下がった気がする。そして、誤解も多い。革新という言葉から、古い技術や考え方を壊して、新しいものへと刷新するというスクラップ&ビルドのような印象があるが、シュンペーターの定義はそうではない。発明の意味のインベンションでもない。彼の主著『経済発展の理論』によれば、「資本主義経済においては、土地、労働、資本という生産要素の組み合わせで財やサービスを生み出す。この組み合わせのあり方を変化させることが新結合というイノベーションである」といっている。

彼はこれを資本主義の経済発展をもたらすものとして使っているが、この「新結合」という考え方は、これからの我々の一人一人の生き方や「個人化する社会」における人とのつながりという面において、流用可能な考え方だと思う。

何も昔のものをすべて破壊も否定もする必要はない。まったく新しいものをゼロから発見、発明しなくてはいけないものでもない。すでに存在するものを従来の概念とは違った視点でとらえなおし、本来組み合わせるものではないものを組み合わせてみたり、何かを付加することで、よりよいものへと新結合していくという考え方である。グレードアップでもアップデートでもなく、シュンペーターの言葉通り「新結合」である。

そのためにもまず必要なことは現実の事実をバイアスなく把握し、ひとつの事象だけで近視眼的に判断するのでもなく、視点を多重化し、複数の視座を持ち、問題に向き合い、どう適応すべきかを検討する姿勢ではないだろうか。環境が変化すれば、人間はそれに適応しようとする。適応できない者は死滅するだけである。

そして、その適応とは社会構造など我々の外側の部分だけの問題ではなく、同時に我々の内側の問題とも切り離せないものだと考える。ウイルスへの抗体を作り出すのは、我々一人一人の内面なのだ。

そもそも、人間は自分の外側をそのまま忠実に把握しているわけではない。同じものを見ていたとしても、見る者によってまったく違う意味のものになっている場合がある。

人口動態の話でいえば、メディアは、出生減、人口減少などを悲劇的な未来としてしか報道しないが、同じファクトでも視点を変えれば違う姿が見えてくる。

大事なことは、ファクトを隠蔽することでもないし、正確でない情報で誤魔化すことでもない。一部の政治家のように、次の選挙で落ちないためだけに「できもしないことをできるかのようにいう」ことでも勿論ない。各人がファクトを正確に把握した上で、必ずやってくる未来を見据えた上で、その環境にどう適応していくべきかを考えることが重要だろう。それが、私が常々いっている「視点の多重化であり、視座の再配置」なのである。

当然、意見や解釈が違う人もたくさんいる。それが当たり前なのだ。たとえ、同じファクトを見ていたとしても、角度が違えば見える景色は変わって当然である。そうした様々な視点に触れれば、その都度、新しい発見もある。本書では、今まで当然として語られてきた点について、違う角度から見たらこう解釈できるという内容をふんだんに用意したつもりである。確実に到来し、不可避なソロ社会へ我々が適応するためのヒントとなれば幸いである。

第一章

ファクトを知る

新聞やテレビのニュースは信じられるのか？

「数字は嘘をつかないが、嘘つきは数字を使う」といわれる。嘘ではないまでも、人をたぶらかすために都合のいい数字だけを切り取って使う人間がいる。ことに、新聞やテレビなどのメディアでいわれていることは、普通は素直に信じてしまうだろう。その数字が本当に正しいのかどうかをいちいち一次情報まで確認してチェックする一般人はあまり存在しない。

しかし、往々にして、メディアの報道は、ある事実に対して、全体像を伝えずに、ある特定の点の情報だけを取り出して伝える場合がある。「紙面の都合により」などというい い訳とともに。

本来、統計などの数字を扱う場合は、たとえば単年の数字だけ見ても判断できない。時系列推移を確認したり、時には別の指標との照合もする必要がある。それをしないで、その点の事実を自己の主張のための道具として、送り手側が恣意《しい》的に使用するのを「切り取り」という。

数字だけではない。発言に関しても「切り取り」手法はよく行われる。政治家でもタレントでも発言内容の一部が切り取られて報道されることはよくある。ネットの民はタイトルしか読まない人も多いので、「こんな発言が許されていいのか」などと脊髄反射でネットが炎上することも多い。しかし、よくよく発言者の動画を見たり、発言の全文を読めば、その切り取られた部分は意図が逆だったり、その後に反論を述べるための呼び水として使ったという例もある。

点の発言だけで、すべてを判断すると見誤るのだが、報道はあえて視聴者や読者に見誤らせるために「切り取り」を行う場合があるということを知っておくべきだろう。

特に、昨今は新聞各社もテレビ局も、紙面や放送でのニュースとは別に独自でネット記事をあげている。ネットによる広告収入は無視できないレベルに成長しているからだ。しかし、あまたあるネット記事の中でアクセスしてもらうためには、タイトルのインパクトが重要になる。逆にいえば、タイトルが魅力的であれば、クリックしてもらえるわけで、記事自体は中身のないものであったとしても、クリック単位で広告収入が入るのでそれでいいわけである。

かくして「煽《あお》れば煽るほど、不安や怒りを喚起すればするほど読んでもらえる（広告収入が上がる）タイトル」の麻薬に依存してしまうことになる。すると、もはやどこをどう切り取れば煽れるのかということに終始してしまうようになる。少子化や人口減少などの言葉を使ってやたら危機感を煽るような報道のタイトルが多いのはそのためである。

勿論、新聞やテレビは、その社会的責任においてまったくのデマや嘘はいわない。しかし、こうした何かしらの魂胆のある「切り取り」は日常的に行われていることも確かだ。それを面と向かって指摘すると「これは演出だ」と開き直るディレクターすらいる。メディア側の意識が変わることを期待してもあまり意味はない。情報の受け取り側である我々自身が、たとえメディアの報道であっても、一次ソースを確認しにいくというリテラシーが必要になるだろう。

以下、メディアの情報から得たイメージと随分違うファクトがあることを紹介したい。

少子化問題ではなく、少母化問題

「少子化」関連のネタは、定期的にニュースになる。そのたびに「出生数は過去最低」「国難だ」のようにインパクトのあるタイトルで話題を誘っている。さすがに、人口動態調査に基づいた出生数や合計特殊出生率が改ざんされることはない。しかし、数字自体は正しくても、その数字がどういう計算式で成り立っているかについて、そもそも無知な記者も存在するので注意が必要だ。

たとえば、合計特殊出生率という数字。一人の女性が生涯に産む子どもの数として紹介されている。2021年の日本のそれは1・30である。よって、女性一人につき平均1・3人しか出産していないと報じているところもあるが、それは大いに誤解を招く。誤解とは、「1・3人しか産んでいないということは、現在は二人兄弟姉妹家庭が少なくなって、一人っ子だらけなのか」というものである。

メディアはあえてその誤解を招く形の紹介をすることで、「子育てするにもお金がかかる。夫の育休促進や保育園の問題もある。一人目は産んでも二人目は産めない。それに対応しない政府はけしからん」といいたいのだろう。

合計特殊出生率とは、15－49歳までの全女性の各歳ごとの出生率を足し合わせて算出したものである。が、全女性という以上、この中には、15－49歳の未婚女性も分母に含まれる。よって、未婚率が高まればそれだけ自動的に下がることになる。

2020年の国勢調査において女性の生涯未婚率（50歳時未婚率）は過去最高の17・8％となった（配偶関係不詳補完値による）。しかし、これは対象年齢が45－54歳に限っての話である。合計特殊出生率と同様に15－49歳で見れば、未婚率は47％にもなる。つまり、分母のほぼ半分が未婚者で占められるほど未婚率が増加しているのであり、出生率の値が下がるのは当然なのだ。ちなみに、皆婚時代と呼ばれた1980年の同年齢帯での未婚率は30％だった。

出生率の指標は合計特殊出生率だけではない。単純に人口千対（千人に対する割合）で計算した粗出生率というものもある。が、これも、高齢者人口比率が増えれば増えるほど計算上の出生率も減るので妥当ではない。これは全体人口の自然増減を見る時に有効な指標である。

出生動向基本調査においては、完結出生児数という指標もある。これは、結婚持続期間（結婚からの経過期間）15～19年夫婦の平均出生子ども数を抽出調査から明らかにしたものだが、これも結婚15年未満は全部対象外である。

他にも、社人研が人口統計資料集の中で出している有配偶出生率というのがある。これは、15－49歳の有配偶女性人口を分母として、嫡出子の割合を人口千対で計算したもので、より実態に近いものといえる。

さらには、私の独自の指標として、発生結婚出生数というのもあわせて紹介したい。これは、出生数を婚姻数で除したもので、1婚姻当たりどれくらいの出生数があるかを数値化したものである。

以上、4つの指標を長期推移で見比べたものが、図3（26ページ）となる。

未婚者を含む合計特殊出生率がもっとも値が低くなるのは当然として、注目していただきたいのは、1990年以降の他の3つの指標の推移である。

完結出生児数は、2002年まで横並びで、その後は微減状態になったが、それでも2021年時点で1・90人の出生となっている。発生結婚出生数も1995年と2020年はほぼ変わらず、大体1婚姻当たり1・5～1・6人程度の子どもが産まれていることを意味する。これは離婚した夫婦も含むので、婚姻継続した夫婦に限れば、完結出生児数同

図3　出生関連各種指標長期推移比較

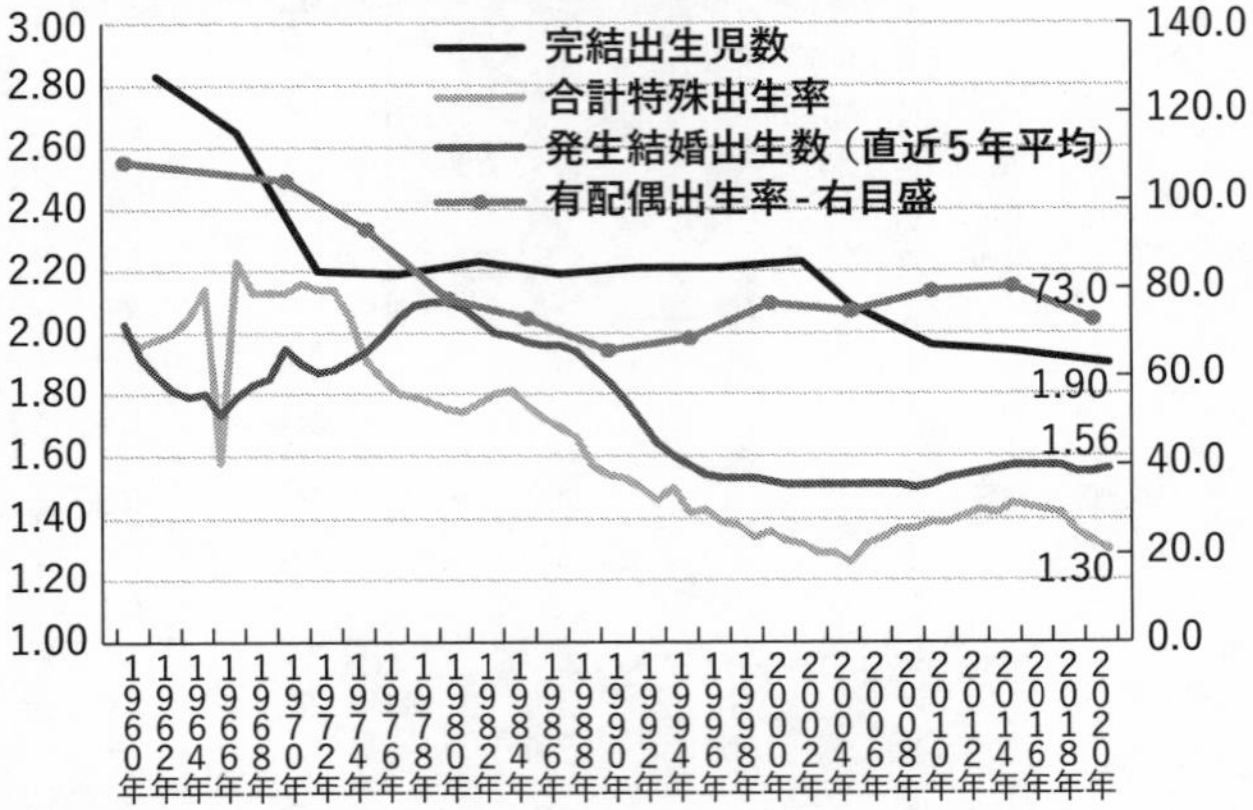

人口動態調査及び出生動向基本調査より荒川和久作成。無断転載禁止。

様1・90くらいにはなるはずだ。また、有配偶出生率に至っては、むしろ1995年より2015年にかけて増えていることがわかる。

つまり、母親一人当たりの産む子どもの数は変わっていないのだ。にもかかわらず全体の出生数が減っているのは、未婚者の増加＝婚姻数の減少によるものである。

いい換えると、年間出生数が80万人を割り込む勢いで激減している理由は、そもそも子どもを産む対象である母親の絶対数が減少しているからである。メディアでは「少子化、少子化」と騒ぐが、問題の本質は、少子化ではなく、母親の数が減っていることによる「少母化」なのである。

その要因は、1990年代後半から2000年代初頭にかけて本来起きるはずだった第三次ベビーブームが起きなかったためだ。15－49歳女性総人口そのものが1990年をピークに減少し続けているわけで、文字通り母数人口が減る以上、どう転んでも出生数は減ってしまう。

日本の年齢別出生構成で見れば、出生の9割は39歳までの出生で占められている。15－39歳までの女性の人口及び有配偶と一人以上出産した母親の人口を、国勢調査のデータから1985年と2020年とで比較してみよう（図4、28ページ）。

ご覧の通り、すべてにおいて人口は減っているが、もっとも深刻なのが「母親の数」の減少で、なんと6割もの減である。わかりやすく説明すると、1985年には100人いた一人以上の子を産んだ母親の数が、2020年にはたった40人まで減ってしまったことになる。1985年の100人の母親が二人の子どもを産んでいたと仮定すれば、200人の子どもが産まれた。しかし、40人に減った母親が同じ数の子どもを産むためには、一人最低5人の出産をしなければならない。これは、普通に考えて無理な話だろう。

図4　1985〜2020年母親数比較（15-39歳）

項目	1985年	2020年	比率
総数女性人口（A）	22,124,924	15,944,601	72%
有配偶女性人口（B）	11,968,155	5,600,084	47%
一人以上産んだ母親の数（C）	10,597,963	3,930,281	37%
出生数	1,423,070	791,260	56%
有配偶比率（B/A）	54%	35%	65%
母親比率（C/A）	48%	25%	51%

国勢調査より（2020年は配偶関係不詳補完値にて）。
母親の数推計は国勢調査の児童と同居する既婚女性の数にて荒川和久算出のため、実際の母親数とは違う場合がある。無断転載禁止。

むしろ結婚した女性たちは子どもをたくさん産んでいる。が、どれだけ結婚した女性が産んだとしても絶対人口が減っている以上、解決できる問題ではないことになる。つまり、出生数は今後増えることはないのだ。

政府や自治体の少子化対策においては、長年「子育て支援の充実」がメインとして論じられてきた。勿論、「子育て支援」そのものは否定しない。それどころか重要である。が、「子育て支援を充実させれば少子化は解決する」という理屈が的外れであることは今までの数字を見ればおわかりいただけると思う。そもそも子育て支援は少子化があろうとなかろうとやるべきものでもある。

人口減少は少子化のせいなのか？

「少子化」や「出生率」の話題と同様、メディアが困った時に使うのが「人口減少」というキーワードである。「人口減少は静かなる有事」「このままでは日本人がいなくなってしまう」などと危機感を煽るために使われる。

確かに、人口は減少する。というより、そもそもすでに日本の人口は２００８年をピークとして減少基調に入っている（国勢調査による）。

「そりゃあ、これだけ少子化が続いていればそうなるよね」と納得するかもしれない。しかし、勘違いをしてはいけないのは、人口減少は少子化によってのみ引き起こされるのではない。人口減少とは、死亡数が出生数を上回る自然減によって生じる。

日本は世界1位の高齢化率で、長寿の国だが、なぜそうなったかというと、１９５１年から２０１１年まで60年間にもわたって人口千対死亡率がわずか10・０未満の状態が続いたことによるものである。「世界一死なない国」だからこそ、戦後わずかの間に、諸外国を一気に抜いて世界一の超高齢国家になったのだ。

しかし、人間は不老不死ではない。現在の高齢者たちがお亡くなりになる時が確実にやってくる。それが「日本の多死社会化」である。そして、それはもう間もなく始まる。

社人研の推計によれば、2024年から年間150万人以上死ぬ時代が到来する。これは、日本の統計史上最大の年間死亡者数を記録した1918年の149万人（スペイン風邪のパンデミックがあった年）を超え、統計が残らない太平洋戦争期間中の年間平均死亡者数に匹敵するといわれる。

戦争もしていないのに、戦争中と同等の人数が死ぬ国になる。しかも、それが約50年間継続する。

単純計算して、2022年から2100年まで合計1億1576万人が死亡し、生まれてくるのはわずか4728万人程度。差し引き約6850万人の人口が消滅する。

結論からいえば、日本の人口は「将来推計人口（平成29年推計）報告書（出生中位・死亡中位推計）」によれば、2100年には5972万人になる。現在の半分だ。これはちょうど1925年（大正14年）の人口5974万人（総務省統計局「大正十四年国勢調査結果の概要」）

とほぼ同等である（参考図表86ページ掲載）。

人口減少は少子化によって加速するのではなく、この高齢者の多死化によって起きるのだ。

しかし、人口が半減してしまうことにパニックになる必要などない。約6000万人の人口といえば、今のフランスやイギリスが約6700万人程度、イタリアも約5900万人であるし、韓国やスペインはもっと少ない。むしろ今までの1億2000万人の人口が日本には多すぎだったのだ。

日本だけではない。世界も人口減少する

人口減少するのは日本だけではない。世界の国々も同様だ。正確にいえば、アフリカなどの途上国を除くすべての国は人口が減るのである。

人口学的には、人類は「多産多死→多産少死→少産少死→少産多死」というサイクルで流れていく。これは日本に限らず、世界のすべての国が同じ過程を進む。その傾向は、先進国や高所得国から先に進むのだが、日本はその先駆けといえる。少子化も人口減少もマ

クロ視点で見れば、このような人口転換メカニズムの大きな流れの中で推移していくものなのである。

国連統計の「World Population Prospects 2022」によると、現在約80億人の世界の人口は2100年には約103億人になると推計されているが、これはあくまで中位推計である。推計は通常、高位・中位・低位と3段階で推計されるもので、高位推計は単なるMAX値なので無視していい。本来中位推計が人口予測としては的中させるべき推計なのだが、国連の場合はこの中位推計がいつも楽観的なのか、何者かに忖度があるのか、毎回外れている。それどころか推計のたびに下方修正されるので、もはや低位推計を見た方がいいと考える。その低位推計での2100年の世界人口は約70億人である。つまり、現在より10億人も人口が減るということである。

とはいっても、減少率でいえば、約1割減であり、5割減する日本よりマシではないかと思うかもしれない。しかし、それは前述した通り、人口が増加するのはアフリカ諸国だけで、先進諸国は軒並み人口が大幅に減る。14億人の人口を誇る中国ですら、中位推計で約8億人へと減る。低位推計なら約5億人と3分の1になる。現在約7・5億人の欧州全体でも低位推計であれば約4億人へと減る。

合計特殊出生率とて、日本だけが低いわけではない。世界の先進国の中で、出生率が2・0を超えているところは、イスラエルなど一部を除けばほぼない。中国の出生率は2021年に日本より下に急激に下がった。インドも間もなく2・0を切るだろう。ことあるごとに「見習え」といわれるフランスの出生率も下降しているし、何よりフランスのINSEE（フランス国立統計経済研究所）自身が、近年の出生率低下の要因のひとつに、フランス人の出産・育児年代に当たる女性の減少を挙げている。つまり、1990年代以降に生まれた20歳から40歳の女性の数の減少によって、今後少子化が進むといっているのだ。まさに、日本同様フランスも「少母化」なのである。

出生率ばかり注目されるが、「少母化」の現象を追う方が未来の出生数予測の役に立つ。なぜならば、出産可能年齢の女性の絶対人口が減るならば、自動的に出生数は減るからだ。図5（34ページ）は、その母となる15－49歳女性人口の推移を1950年から2100年（2022年以降は国連の低位推計による）を、日本と世界とで比較したものである。絶対数は違うにしろ、日本が辿《たど》る流れを世界も40年ほど遅れて相似形で移行していくのがわかる。

図5　日本と世界の15-49歳女性人口推移

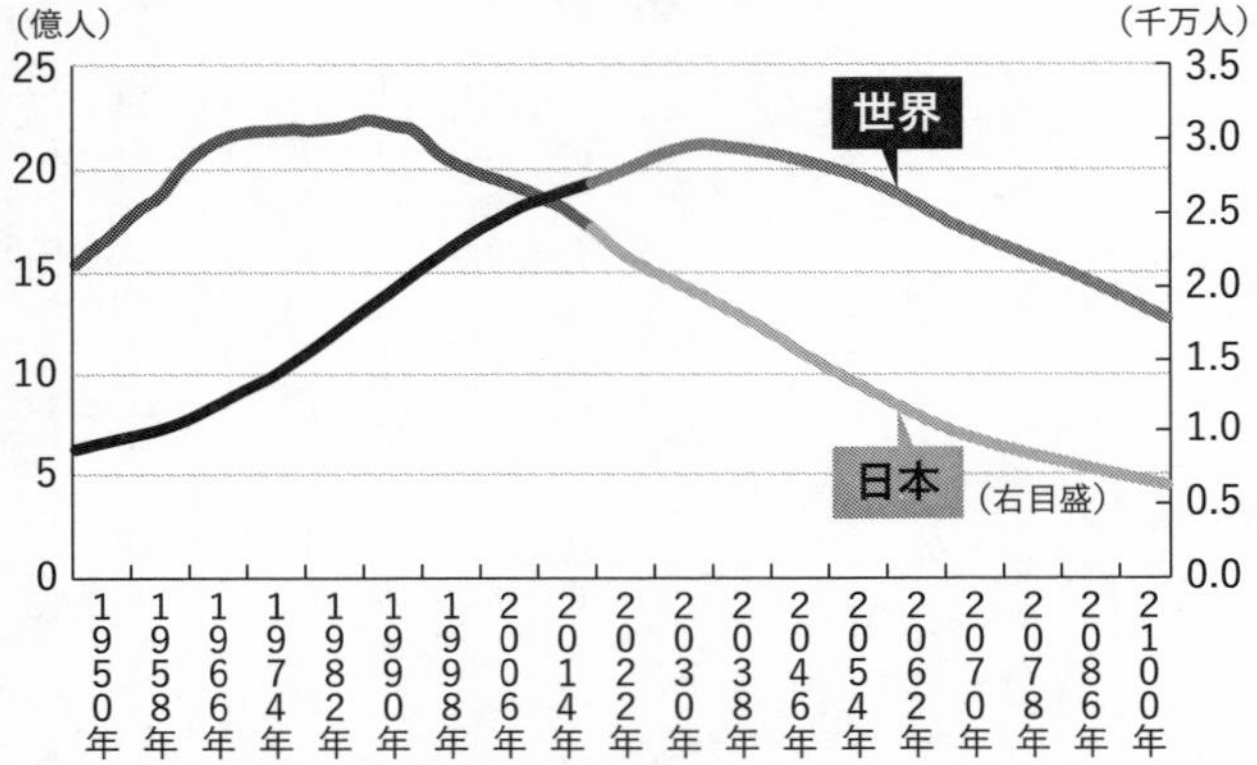

国連WPP2022より、15-49歳女性人口だけを抽出し、2022年以降の推計は低位推計にて荒川和久作成。無断転載禁止。

子どもの数が減る前に、母親となる女性の数が減るのである。母親になる数が減れば当然少子化になり、少子化となった子どもたちの世代もまた少母化になる。

こう見れば、子育て支援の充実が出生を増やすということにはならないことがわかるだろう。まったく的外れでしかない。子育て支援関連のＧＤＰ比出費を欧州並みにしろという意見もあるが、それと出生率とは何の相関もない。日本と比べて倍の比率の予算をかけている国々が日本の倍どころか、同等の出生率なのである。

先進国はすべて「少母化」によって出生数

は減る。

日本だけではない。世界共通で人口減少のステージに入るのだ。

婚姻数や出生数が多少改善されたところで大きな流れは変わらない。人口学的には、人口構造の新陳代謝には少なくとも100年はかかるといわれている。その間、人口は減少し続けるわけで、いつまでも「できもしないこと」を繰り返しいい続けるのは欺瞞《ぎまん》だし、いたずらに恐怖を煽るだけの論説は無責任すぎる。

そろそろ私たちは、現実を直視し、「人口は減り続ける」という現実を前提に適応戦略を考えないといけないフェーズに来ている。人口が今の半分の6000万人になってしまう未来を「恐ろしい」「危機だ」といっていれば未来が変わるものではない。「恐ろしい未来」ではなく「当然やってくる未来」としてとらえ、6000万人になってもやっていける道筋を構築する。そうした視点に考え方をシフトしていくべきだろう。

そもそも、世界人口は1950年には約25億人だったのだ、それが70年で3倍以上も増えたことの方が異常であり、何がなんでもこれをキープしなければならないという強迫観念の方が異常でもある。増えすぎた人口による歪みも至る所で見られる。温暖化現象も人口の問題である。むしろ今起きている世界的な人口減少の方こそ適正化なのではないだろうか。

未婚化は若者が草食化したからではない

内閣府が2022年6月に公表した「令和4年版男女共同参画白書」が、テレビでもネットでも大きな話題となった。とりわけ「20代男性の約4割はデートの経験がない」という調査結果に関しては、ツイッターでも「デート経験なし」がトレンド入りするほどだった。

案の定、テレビではだいたいどの局も、「信じられない。頑張ればいいのに」「男が頼りないなと思ってしまう。度胸がないのか？」などという40代、50代の中高年男性の街角インタビューの映像などを流し、コメンテーターからは「恋愛以外の選択肢が増えた」「コミュニケーションの取り方がわからない男子が増えた」などの意見が出る。

まるで、これが令和の若者の意志や選択、行動のせいで起きてしまった現象であるかのように。

しかし、これは「今に始まったことではない、以上」で終わりの話なのである。

令和の若者であろうと、平成や昭和の若者であろうと、彼氏・彼女がいるとか恋愛をしているという割合は大体30％程度で変わらない。少なくとも、国の基幹統計のある1980年代から約40年近く変わっていないことは事実である。それが「恋愛強者3割の法則」と私が名付けているものである。

社人研「出生動向基本調査」の1982年から2021年までの「未婚者の恋人がいる割合」推移グラフでは（参考図表86ページ掲載）、1997年から2005年までの間に多少の山があるが、2021年の数字は約40年前の1980年代とほぼ変わらない。年齢別で多少差異はあるが、初婚年齢のボリュームゾーンである25－29歳で見れば、2021年は男26・1％、女32・6％で、恋愛強者3割の法則に当てはまっている。

しかし、いくらそういうファクトをエビデンス付きで出しても、おじさんたちは納得しないのである。

「いやいや、それは間違いだ。付き合うかどうかはともかく、デートした経験があるかないかでいえば、俺らの若い頃はみんなデートしてたよ。4割もしていないなんてことはない」と自信満々で否定してくる。百歩譲って、この発言をされるご本人はデートしていたとしよう。しかし。自分がしていたからといって全国の若者がデートしていたことにはならない。

確かに、今還暦近辺の世代が若者だった1980年代は恋愛至上主義時代といわれていた頃である。テレビでは恋愛トレンディドラマが大流行し、ラブソングがヒットチャートを席巻し、クリスマスはカップルで赤プリと高級レストランとティファニーがセットと喧《けん》伝《でん》されていた時代でもある。

しかし、残念ながら、メディアがそういう空気を作ったとしても、必ずしも全員が恋愛をしていたわけではないし、ましてや必ずデート経験があるわけでもない。

日本性教育協会が発刊している「若者の性白書」によれば、生まれた年代コーホート別の各年齢における男子のデート経験率を長期的に調査しているものがあるのでご紹介したい（図6、40ページ）。

1963－1968年生まれの人とは、2022年の現在54－59歳の層である。まさに1980年代の恋愛至上主義時代に20代だった人たちである。彼らが、10～22歳までのデート経験率（累積値）の推移を見ると、経験率60％を超えたのは18歳くらいで、その後19～22歳でやっと7割を超える程度である。同様に1981－1986年生まれ（現36－41歳）も1993－1999年生まれ（現23－29歳）もそうたいして違いはないどころか、驚くほど一致している。

つまり、40年前の若者も、20年前の若者も今の若者も、年齢に応じたデート経験率は判で押したように同じなのである。最近の若者が草食化したわけでもなければ、恋愛離れしているのではない。ましてや、時代の変化のせいで変わるものでも、スマホやネットが登場したからといって変わるものでもない。そんなものなのである。

勿論、これはデートの経験率なので、恋人がいた割合とイコールではないことはいうまでもないし、この単体の調査データだけですべてを語ろうとするつもりもない。が、だからこそ複合的かつ客観的に様々なデータや事実を確認する姿勢が必要である。

あわせていっておけば、現54－59歳の世代の男性とは、前回の2015年に生涯未婚率

図6　出生コーホート別男子のデート経験率

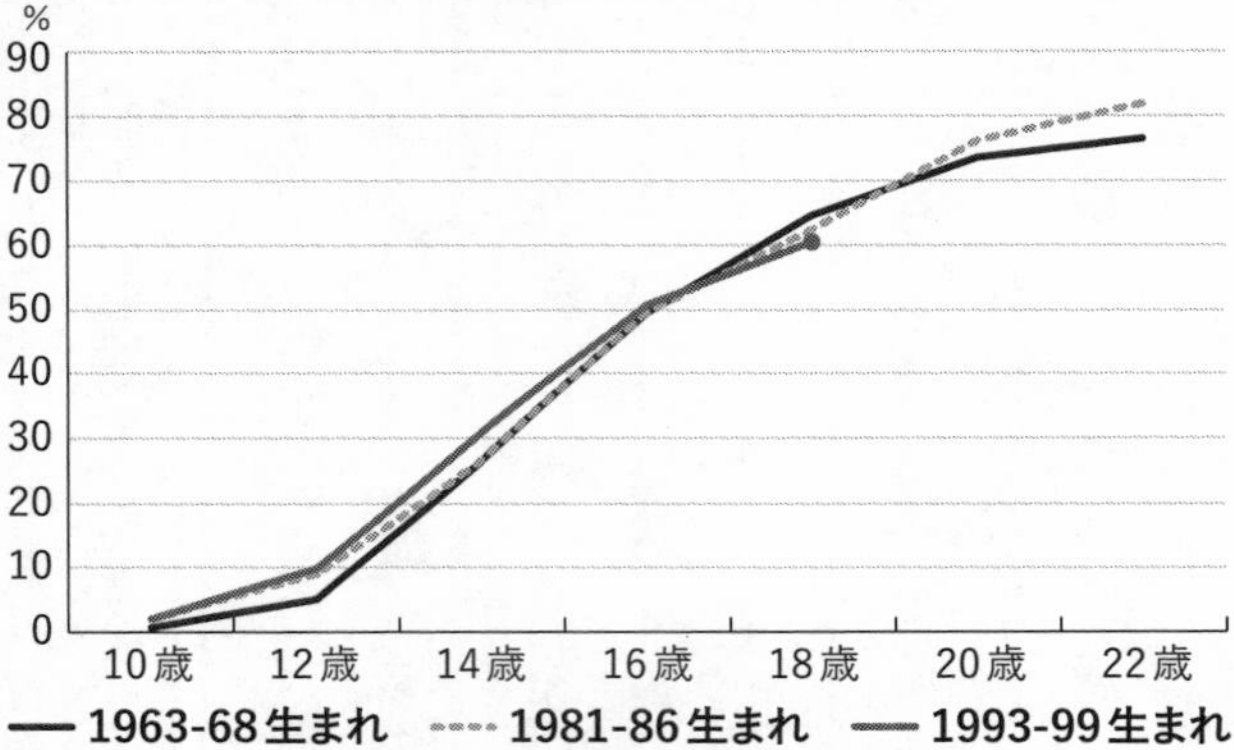

財団法人日本児童教育振興財団内日本性教育協会「若者の性」白書
第7回青少年の性行動全国調査報告　より荒川和久作成・無断転載禁止。

約25％（不詳補完値）となった世代であり、必ずしも全員が結婚できた世代ではもはやない。

あるテレビ番組では「4割がデートしたことがない」ということに対して、MCの女性アナウンサーが「そんな人、周りで見たこともない」と屈託ない笑顔でお話しされていたそうである。興味のない対象及び自分と同類ではないと判断する対象に対しては、たとえそれが存在していたとしても目に入らない。透明化されてしまうという典型でもある。

個人レベルの認識ではそれは仕方のないことである。しかし、社会の認識において、「いなかったことにしていい」若者など一人もいないし、「なかったことにしていい」事実もひとつとしてない。ましてや、なかった事実を改ざんして「若者が草食化した」などという嘘をファクト化してはならない。

晩婚化など起きてはいない

「若者の晩婚化が進んでいる」などとよくいわれるが、それは本当だろうか。

確かに平均初婚年齢の推移を見れば、皆婚時代だった1980年には夫27・8歳、妻25・2歳だったのに対して、2020年には夫31・0歳、妻29・4歳となっており、これだけ見れば、晩婚化していると思うかもしれない。しかし、しかし、それだけで晩婚化と断ずるのはあまりに短絡的である。

晩婚化としてしまうと「初婚の年齢が後ろ倒しになっただけで、いずれ結婚はするだろう」という安易な誤解を招く。百歩譲って晩婚化はあったとしよう。しかし、晩婚化は少子化の直接的な原因ではなく、むしろ本質的な原因によって生じた単なる表層にすぎない。

では、実際に、ファクトを検証して、本質的な原因に迫ってみよう。

2021年の婚姻数は約50万組である。2010年はまだ約70万組もあった。この10年ちょっとの間に28％減である。出生数は２０１０年約１０７万人から２０２１年約81万人で減少率は24％であるから、大騒ぎしている出生減より婚姻数の絶対減の方が深刻なのである。

さらに、１９８０年から20年ごとの年齢別未婚人口に対する初婚達成率（対未婚人口）を男女別年齢別に比較したのが図７（43ページ）である。初婚達成率とは、当該年齢層ごとに初婚数を未婚人口で割ったものだ。内閣府が出している少子化社会対策白書にも初婚率を掲出しているが、なぜか分母を有配偶も含めた総数で計算しているのでまったく妥当性がない。それでは、未婚者当たりどれくらい初婚したかの初婚率指標にはならない。私が独自に計算した初婚達成率は、各年齢層の初婚数を同年齢層の未婚人口で除したもので、より正確性が高いと思う。

これによれば、男性は25－34歳、女性は25－29歳での初婚達成率が激減しているが、かといって晩婚化しているかといえばそうでもない。実は35歳以上で見るとほぼ変化はない

図7　対未婚人口初婚率推移

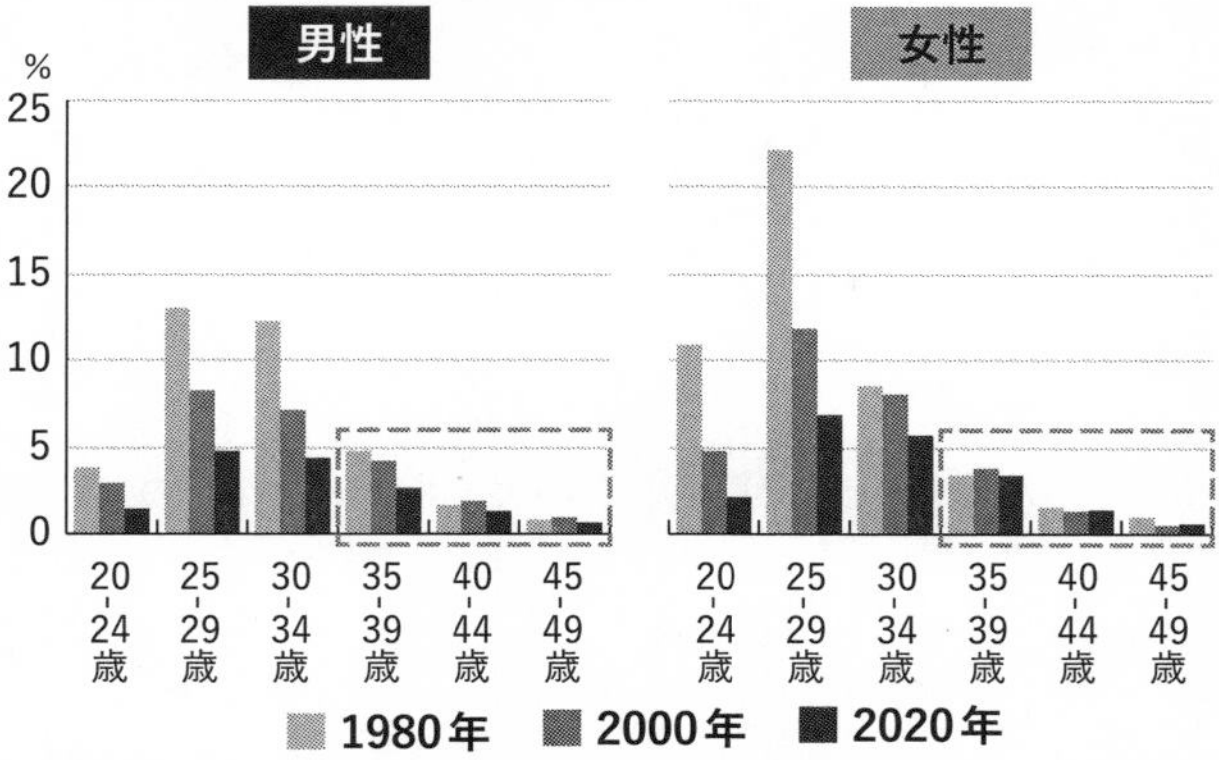

国勢調査（2015-2020は不詳補完値使用）及び人口動態調査の初婚同士の婚姻数にて荒川和久作成。無断転載禁止。

のだ。女性に関しては、40年前も今も35歳以上の初婚達成率はほぼ一致している。男性に至っては、むしろ1980年より2020年の方が35歳以上の初婚達成率は下がっている。これを見る限り、男女とも晩婚化とはいえない。

晩婚化というのであれば、少なくとも中高年の初婚達成率が上昇していないとおかしい。しかし、20代までの初婚達成率の低下に対して、それが決して30代以降に後ろ倒しになったわけではなく、35歳以上も40年前とたいした違いはないわけで、これは晩婚化ではなく、むしろ、「若者が若者のうちに結婚できなくなったから」だと解釈するのが妥当だ。

若者が若者のうちに結婚に踏み切れない要因のひとつに経済的問題がある。

「失われた30年」といわれるように、給料が上がらない時代が続いている。実際、国民生活基礎調査に基づき、29歳以下の若者が世帯主の年間可処分所得の中央値を計算すると、2021年ですら、わずか272万円にすぎない。半分以上が300万円にすら達していない。1996年の可処分所得は281万円だったので、25年も前の20代より減っているのだ。

平均給料が上がっても可処分所得だけが減る理由は、直接税と社会保障費負担の増額である。この25年間に、20代の若者はこうした天引きされる負担が、1996年の約63万円から約102万円へ1・6倍増にもなっている。ただでさえ少ない給料の上に、なぜか20代の若者たちが苦しめられ続けてきたという事実がある。

この間、就職氷河期、リーマンショック、今回のコロナ禍という大きな経済的環境の悪化という荒波を受けている。この90年代から今に至る長い「若者いじめ」が、現在の婚姻数減少と無関係とはいえない。この期間に、可処分所得が上がらなかった世代とは現在の

45歳以上の生涯未婚率対象年齢となりつつあるのだから。

晩婚化など起きていない。起きているのは、若者が若者のうちに金の不安により結婚できなかったことによる、結果的非婚があるだけなのである。

金がないからこそ結婚した方がいいというが

メディアがよく使う図表で本当に事実と違うのでやめてほしいと思うものに、専業主婦世帯と共働き世帯の推移グラフがある。国の正式な白書でも「今や共働き世帯は専業主婦世帯の2倍以上ある」などという時によく使用されている。

しかし、この表は正確ではない。なぜなら、この共働きの中には、週1回でもパートで働いた場合は共働き世帯に分類されてしまうからだ。勿論、パートも立派な労働だが、基本的には家計の収入の助けとして補助的にやっているもので、それはフルタイムで就業している妻とは別物だと考えるべきだろう。

実際に、共働き世帯をパートとフルタイムで分けたグラフが図8（47ページ）である。

これを見ると、フルタイム就業の妻の割合は、実は1985年も2021年もほぼ3割で変わらない。勿論、専業主婦の割合は減っているが、減っている専業主婦の3割とほぼ同等である。この35年で増えたのはパート妻の共働き世帯であり、決してフルタイムの夫婦が増えたわけではないのだ。

最近の初婚夫婦は夫婦とも同い年の年齢同類婚の割合が増えている。実数が増えているわけではなく、夫年上婚の数が激減したために、構成比が増えているのである。同時に、経済力同類婚も増えている。つまり、年齢も年収も同レベルでの結婚が増えている。

これは、かつてのお見合いや職場結婚が減ったことによる影響で、知り合うきっかけが同類縁に絞られてきていることによる。

たとえば、夫の年収が300万円なら妻の年収も300万円で、夫婦あわせた世帯年収は600万円となる。実際、600万円あれば世帯年収平均レベルとなるが、「それだけあればなんとかなるだろう」とはいかないのである。

結論からいえば、こと結婚となると、望むと望まないとにかかわらず、結果として妻側

図8　片働き・共働き世帯割合推移

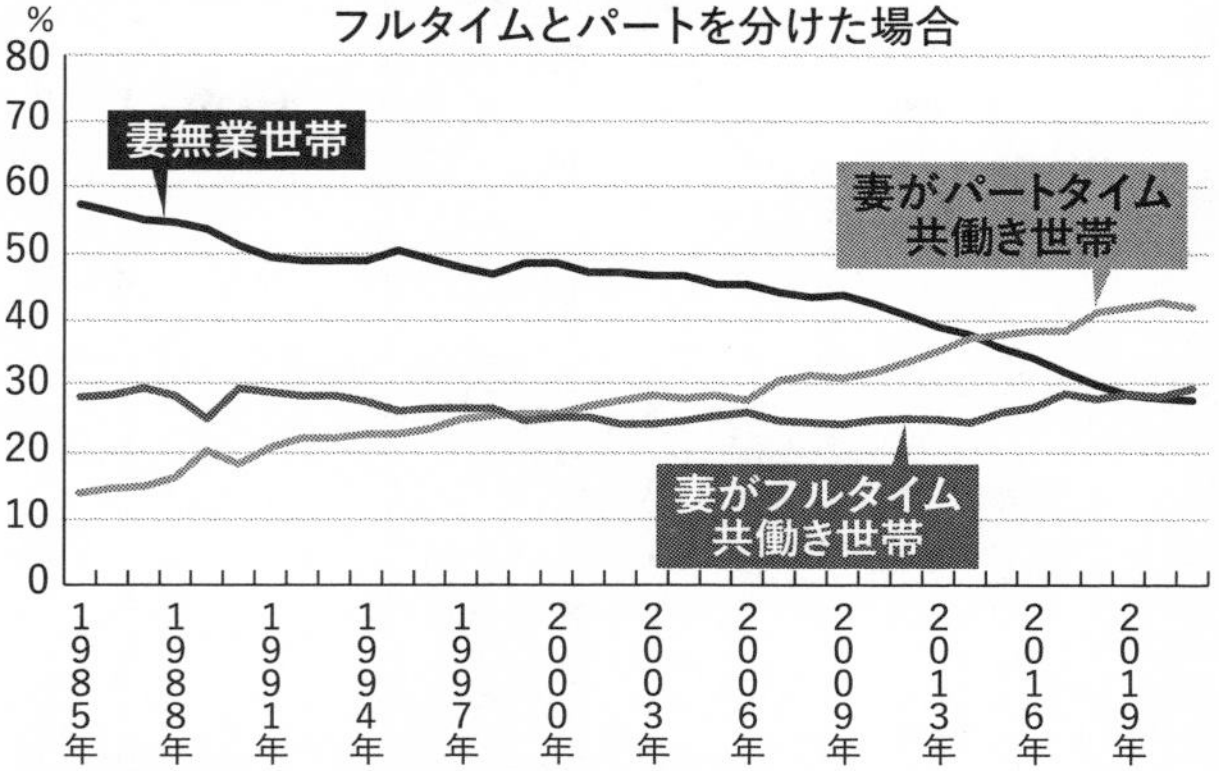

令和4年度内閣府「男女共同参画白書」より。2011年除く。
妻はいずれも64歳以下対象。

の経済力上方婚（妻の年収より夫の年収が高い状態）にならざるを得ない場合が多い。

誰もが仕事を続けたい人ばかりではない。仕事より育児を優先したい人もいる。「会社の仕事なんて誰がやってもいい仕事。うちの子にとって親は自分たちだけ。子どもと過ごすかけがえのない時間を削ってまでやりたい仕事なんてない」と考える人もいる。人それぞれだ。

実際、0歳児を持つ母親は、以前より少なくなったとはいえ2015年国勢調査ベースでは61%が専業主婦になっている（育休なども含む）。

たとえ300万円同士で結婚した夫婦でも、

妻が専業主婦になれば、世帯収入が半分になってしまうのである。結婚前は「夫婦共働きでいいよね」と合意があったとしても、結婚さらにはその後の妊娠出産子育てへの移行にあたって、どうしても夫の一馬力にならざるを得ない、そんな夫婦の実情がある。

これは是非の問題ではなく、現実の話である。

そういう現実をふまえるからこそ、婚活女性は「年収４００－５００万円以上」という条件の中で相手を見つけようとするのだが、実際に全国で４００万円以上稼いでいるアラサー未婚男性がどれくらいいるかというと27％程度しかいないのである。東京ですら42％で過半数に達しない（２０１７年就業構造基本調査）。そもそも、その年収以上の未婚男性は婚活の現場にくることなく売約済みとなっている。つまり、婚活しても「いい男がいない」と感じてしまうのは、そもそも条件にあう男が存在しないからだ。

かといって、今の低年収の未婚男性の年収が上がるまで待っていれば、当然の帰結として未婚女性たちの結婚も後ろ倒しになる。後ろ倒しになっても結婚できるのならまだいいが、ある程度の年齢を過ぎると、今度は、女性側に「年齢の限界点」が見えてくる。具体的にいえば、今後出産をするかどうかの分岐点である40歳という年齢だ。

結婚には限界年齢というものがある

出生動向基本調査に基づいて恋愛結婚の中央値年齢を調べてみると、女性で28・0歳、男性でも29・2歳で、男女とも結婚する人の半分は20代のうちに結婚しているのだが、恋愛には交際期間がある。その歳までに結婚している男女が結婚相手と出会った年齢は、男性で24・8歳、女性では23・6歳なのである。意外に早いのだ。

大卒ならば就職して2~3年以内に将来の結婚相手と出会っていないと、20代のうちに結婚するのは難しいことになる。ちなみに、結婚可能性が5%以下になる限界結婚年齢を算出したところ、男40・0歳、女37・6歳となった。この年齢までに初婚していなければ、データ上はほぼ結婚は無理であることになる。あくまで統計上は、だが。

このように、男も女も「まだ結婚できる経済力がない」などと遅らせているうちに、気付いたら「もう結婚できる年齢ではない」という時期になり、その認知的不協和を解消するために「自分はそもそも最初から結婚などするつもりはなかったのだ」と理屈を付けて心の安定を保つのである。

何度もいうが、晩婚化などは起きていない。「晩婚化だから」なんて適当な言説を信じて余裕をかましていると結局気付いたら生涯未婚になってしまう。ファクトを正確に認識しておかないと機会を逸してしまうことにもなるのである。

このままだと日本の家族は消滅するのか?

日本の世帯構造は大きく変化している。婚姻減とは家族減とイコールだからだ。

「夫婦と子ども二人」からなる核家族のことをかつては標準世帯といった。世帯の中心は、この夫婦と子世帯であり、その構成比は、1970年代まで全世帯の45%以上を占めていた。世帯の半分近くがこの夫婦と子世帯だったわけである。しかし、2020年の国勢調査においては、25%にまで激減している。

一般的に、家族という場合、夫婦と子世帯に加えて、夫婦のみ世帯や三世代世帯、一人親世帯など複数で構成される世帯も含むが、本書では、この標準と呼ばれた夫婦と子世帯を「家族」と便宜上定義することとする。

激減した夫婦と子世帯のかわりに、大幅に増えているのが一人暮らしの単身世帯（ソロ世帯）である。社人研の２０１８年時点の推計によれば、２０４０年には39％が単身世帯となると推計されていたが、２０２０年国勢調査ですでに38％にまで増えている。このままなら、２０４０年を待たずして、40％を超えるだろう。反対に、同推計では「夫婦と子」の家族世帯は２０４０年には23％にまで下がるとされていたわけであるが、こちらも最悪20％を切ることもあり得る。

ソロ社会化というと、どうしても大都市だけの話だと勘違いしがちだが、実は地方も含めて全国的な傾向なのだ。夫婦と子世帯と単身世帯との構成比差分を比較して、夫婦と子世帯の方が上回る県は、２０１５年時点では、埼玉・奈良・岐阜・滋賀・群馬・富山の6県あったが、２０２０年にはゼロになった。全都道府県において、単身世帯が夫婦と子世帯を上回ったことになる。

これは当然の帰結で、夫婦と子世帯はやがて子が独立し、「夫婦のみ」世帯となり、夫婦のどちらか一方が先に亡くなればソロ世帯へと変わる。ソロ世帯とは、未婚の若者とかって家族だった高齢者によって作られていくのである。

では、このままいくと、昭和時代に中心を占めていた家族という形態は、完全に消滅してしまうのだろうか？

実は、そんなことはない。未婚化が進んでも、夫婦になる人がいなくなるわけではないし、少子化といっても一人の母親が産む子どもの数の比率は変わっていない。家族は消滅するのではなく、コミュニティの機能としての家族のありようが変わるのだと思う。

そもそも「家族」とはなんだろうか？

米国の社会学者タルコット・パーソンズは、「家族は子どもの養育とメンバーの精神的安定というふたつを本質的機能とする親族集団であり、必ずしも共住を前提としない」と規定している。さしずめ、現代においては、子を持たない夫婦もいる上に、必ずしも「子どもの養育」が必須条件とはならないし、血縁関係に限定されるものでもないかもしれない。となると、「家族とは、必ずしも血縁や共住を前提とせず、構成するメンバーの経済的生活の成立と精神的安定を機能とする集団」という定義もできる。

血縁や共住を前提としない……つまり、血のつながりや同居することだけが家族ではないのだ。ここにこそ、家族を消滅させないひとつのヒントが隠されている。

最近では、コレクティブハウス的な機能を持つ住居に、年齢や家族形態がバラバラな住人が共同生活をするパターンも見られ、それを「血縁によらない新しい家族の形」とする向きもある。しかし、これは「新しい」というより原点回帰に近い。江戸時代の裏長屋や農村地方の村社会がそうだったように、寝食を共にする居場所をベースとして、その場所に集う人間を疑似的な家族としてコミュニティを形成するというのは、実はもっとも原始的なコミュニティスタイルなのである。

しかし、共住を前提とした縛りがあることが、かえってストレスを生むこともある。群れることでの安心とは、それと引き換えに、周囲の空気を読み、不本意でも同調するという我慢も伴うものである。群れや集団とは、みんなと一緒なら安心だ、という共同幻想を信じることだからである。そしてその共同幻想が、同調しない者を敵視し、残酷に排除してしまう行動に向かうことも歴史が証明している。

今後大切になるのは、血縁や共住などの既成の枠組みだけに縛られず、「群れや集団だけではない別の安心の形」を作り上げることではないだろうか、と私は考えている。コミュニティについての考え方は第四章で詳しく述べる。

第二章

独身は不幸説を検証する

独身は不幸なのか？

「あなたは今、しあわせですか？」

そう問われた場合、なんと答えるだろうか。

しあわせとは、その感じ方も基準も人それぞれで、あくまで主観的なものである。よって、標準的・絶対的な指標としての幸福度は存在しない。存在しないのだが、マクロ的な調査をするとおおまかな傾向があることも確かである。

私は、独身研究の一環として、未婚者と既婚者とでの幸福度の違い、さらには男女、年代別での幸福度の違いについて2014年から継続調査してきた。その結果から申し上げれば、未婚者より既婚者の方が幸福度は高く、男性より女性の方が幸福度は高く、40－50代の中年層より若者の方が幸福度が高いという傾向は常に一定であった。

2020年一都三県の未既婚男女を対象とした調査のグラフが図9（57ページ）である。幸福度については5段階評価とし、「とてもしあわせ」「まあまあしあわせ」を幸福、「やや不幸」「とても不幸」を不幸と分けて、「どちらともいえない」は別とした。

図9　未既婚年代別幸福度比較

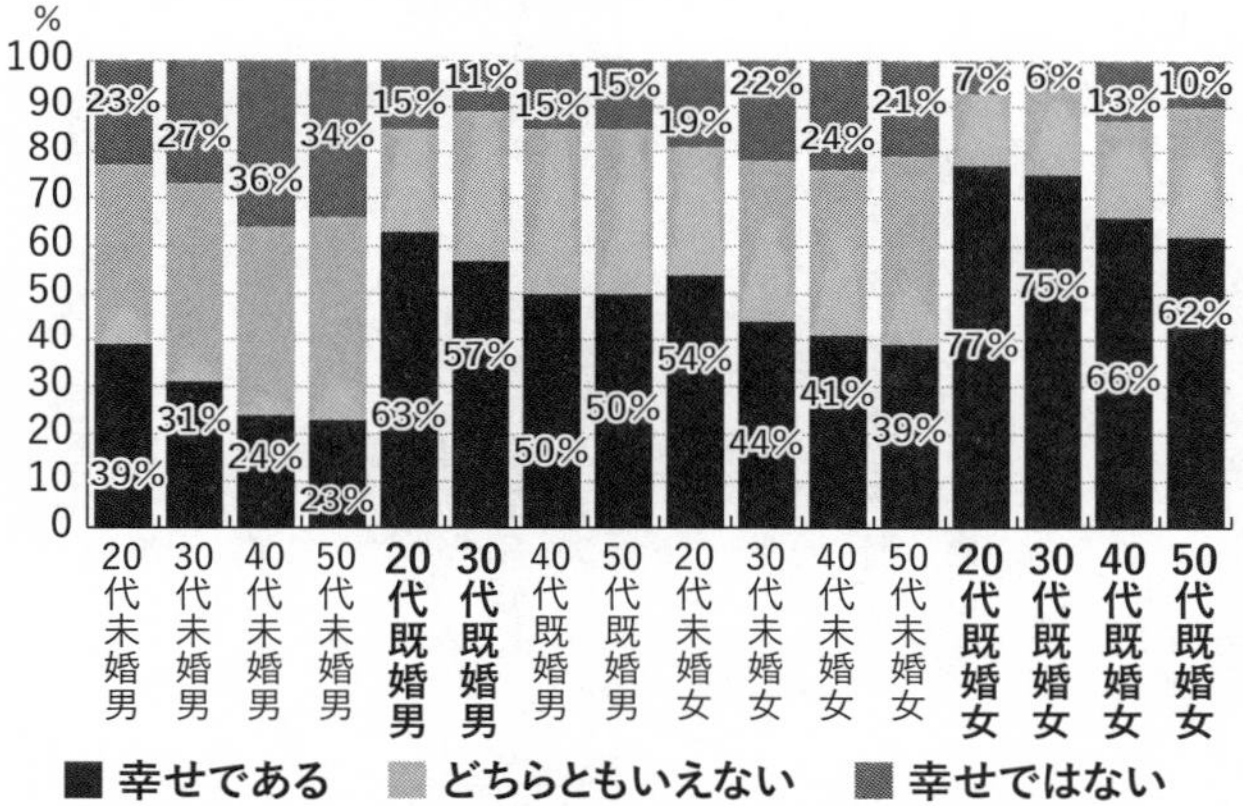

2020年一都三県20-50代未既婚男女（n=15644）より荒川和久作成。無断転載禁止。

男女ともに、既婚者に比べて未婚者の幸福度は低く、特に男性の40－50代では既婚者の半分以下しか未婚者は幸福を感じていないということになる。同時に、40－50代未婚男性の不幸度の高さも突出しており、40代で36％、50代で34％が不幸である。40代以上の未婚男性は、幸福を感じる人数より不幸を感じる人数の方が上回ってもいる。

男性ほどではないにしろ、女性でも同様で、40代未婚女性の24％、50代未婚女性の21％が不幸だと感じている。既婚男女の不幸度が10％台にとどまっているのとは大きな違いがある。

一方で、既婚女性の幸福度の高さも群を抜いている。もっとも低い50代でも62％が幸福であると答え、20代では８割近い77％が幸福なのである。

つまり、まとめると、一番不幸なのは、40－50代の未婚男性であるということになる。

かつて、内閣府が平成８年から平成24年にかけて、国民生活選好度調査という形で国民の幸福度を調査していたことがあったが（現在は実施していない）、性別年代別はおろか、配偶関係別の調査結果報告もない全体結果報告のみで、細かい部分はわからずじまいであった。

民間の幸福度調査でも性別年代別の区分まではあっても、配偶関係での区分をした調査は、私の知るところでは皆無であった。しかし、前述の結果通り、未婚と既婚とでこれだけ大きな差があるということは無視してはならない話だと思う。

なぜ、これほどまでに未婚者は不幸なのか？

40－50代の未婚男性の不幸度が高い要因として、彼らが就職氷河期世代に該当するという考えもある。就職できずに、非正規で働いて満足に収入を確保できない人もいたことだろう。正社員として就職したとしても、その仕事は自分の希望するものとは違う仕事で、毎日が苦痛である人もいるかもしれない。

特に、男性の生涯未婚率は自己の年収が低ければ低いほど高くなる。つまり、男性で中年で未婚であることは、すなわち年収が低い場合が多いと推測でき、そうして自身の低年収による経済的環境とその事情による未婚生活そのものが不幸の原因であると考えることもできる。

しかし、未婚男性の低い幸福度は年収だけのせいなのかというとそうでもない。

年収別に幸福度を20~50代未既婚で比べると、未婚も既婚も年収が上がるごとに幸福度は増すが、同じ年収でも未婚と既婚とでは幸福度に大きな差がある。年収100~900万円の間ではほぼ20ポイントの差が均等にある。むしろ、未婚男性は1000万円の年収で幸福度が頭打ちになり、それ以降は下がる傾向すら見られる（図10、60ページ）。

勿論、生活をしていく上で食うにも困るような貧困では幸福も何もないだろう。しかし、だからといって、年収が上がれば上がるほど人は幸福になるかというとそうでもない。

図10　20-50代未既婚男性　年収別幸福度比較

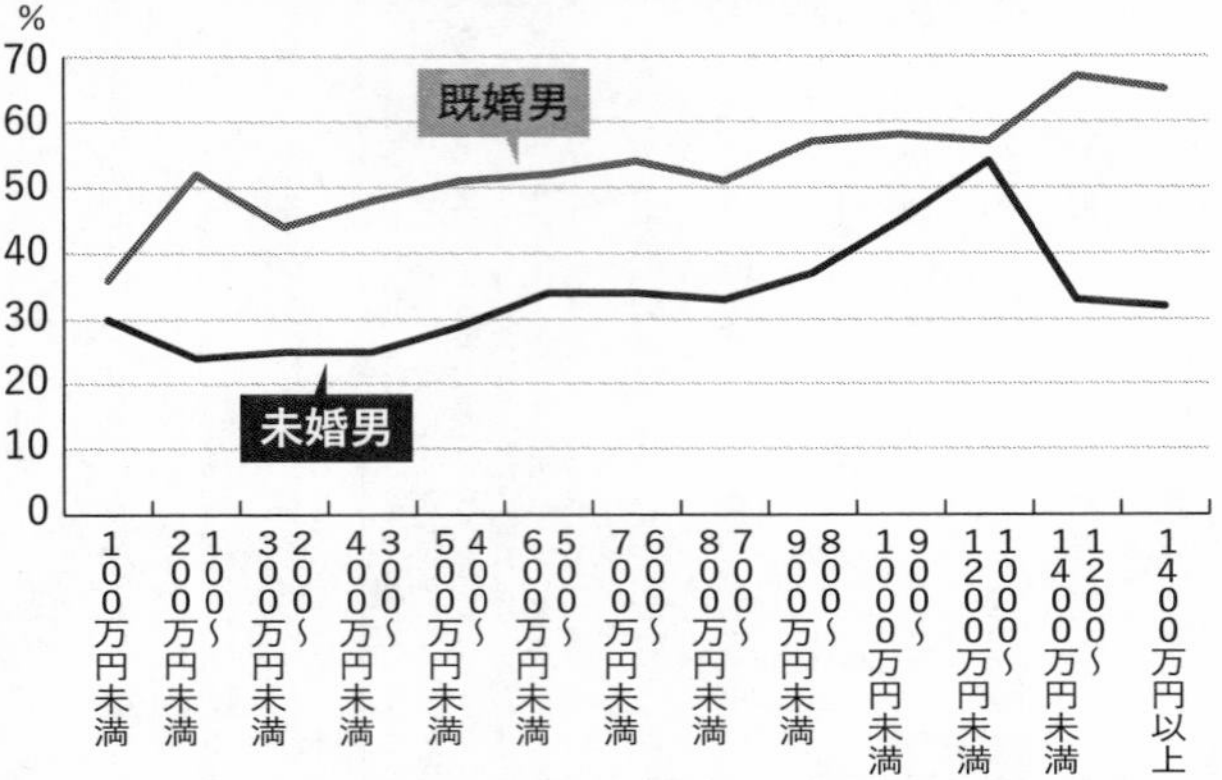

2020年一都三県20-50代未既婚男性（n=8363）より「幸福である」「まあ幸福である」と回答した割合にて荒川和久作成。無断転載禁止。

そもそも、年収だけが幸福度の要因なら、未婚も既婚も同年収の幸福度は同じにならないといけない。これを見る限り、年収より未婚か既婚かの配偶関係の方が幸福度に強く影響を与えていると考えるのが妥当である。

では、既婚＝結婚すれば幸福なのか？

それもまた違う。

結婚すればしあわせになれるのか？

既婚の幸福度が未婚より高いのは事実だが、だからといって「結婚すればしあわせになれる」とはいえない。それは、相関と因果をごちゃ混ぜにするようなものである。「幸福度が高いのは既婚男性が多い」という相関はあるが、「結婚したらしあわせになる」という因果があるとまではいえない。

「フォーカシング・イリュージョン」という言葉がある。これは、ノーベル経済学賞の受賞者であり、行動経済学の祖といわれる米国の心理学・行動経済学者ダニエル・カーネマンが提唱した言葉である。

「いい学校に入ればしあわせになれるはず・いい会社に入ればしあわせになれるはず・結婚すればしあわせになれるはず」というように、ある特定の状態に自分が幸福になれるかどうかの分岐点があると信じ込んでしまう人間の偏向性を指す。簡単にいえば、思い込みから生じる幻想ということだ。

勿論、目標を定めて努力することは大切である。しかし、進学や就職や結婚という状態になれば自動的に幸福が得られるというわけではない。

たとえば、結婚したいという女性は「相手はいないけど、とにかく結婚したい」とよくいう。これこそ結婚という状態に身を置けば、幸福が手に入るはずという間違った思い込みである。そうした思い込みのまま、万が一結婚してしまったら、「こんなはずじゃなかった」と後悔しかしないだろう。

結婚すればしあわせになれるという考え方は、裏を返せば、「結婚できなければしあわせになれない」「結婚しないと不幸だ」という決めつけの理屈にとらわれることになる。それは、結婚という特定の状態に依存してしまって、それ以外の選択肢を否定しているようなものでもある。

要するに、「現在の結婚できない自分の否定」である。むしろそうした思考こそが、婚活女性たちの不幸感を現在進行形でより増幅させているのではないかとさえ思う。

一方、未婚男性の中にも「相手はいないが結婚したい」と婚活にいそしんでいる人もいるだろう。もはや結婚が社会的信用を示す時代でもなく、結婚しなければ出世させないなどという企業も少ないだろう（少ないが、いまだにそういう企業があるということにも驚くのだが）。

それでも結婚したいと熱望する未婚男性もまた、「結婚すればしあわせになれるんじゃないか」という淡い期待を抱いてはいないだろうか。そう思ってしまうのは、「欠乏の心理」があるからである。

人は、何かが足りないと感じた時に不幸を感じる。腹が減った、給料が少ない、他人の評価が低い……などなど、「足りない」と思うからイライラし、怒り、自分は不幸だと思おうとする。

しかし、そうした思考の癖は、常に、恋愛相手がいない、結婚相手がいない、子どもがいない……。そういった自分にない物ばかりに目を向けてしまい、たとえ何かを手に入れても、手に入れた充足感より、「まだこれが足りない」という欠乏しか認識できなくなる。いわば、永遠の餓鬼と化してしまうのだ。

そもそも、本当に結婚したらしあわせになるのか？

それぞれの年代において、幸福や不幸を感じる割合に、2020年国勢調査による未婚人口を掛け合わせれば、計算上の未既者の年代別の幸福人口と不幸人口が算出できる。未婚男性について年代別に試算してみたものが図11（64ページ）である。

未婚男性の「幸福人口」は20代から年代を重ねるごとに順調に減少しているのに対し、「不幸人口」は20代から50代までそれほど大きな変化はない。これが何を意味するかというと、「幸福な未婚」だけが未婚でなくなっていっているということ。つまり、結婚していく未婚男性は、元から幸福だった者が多いということだ。

図11　未婚男性　年代別「幸福人口」と「不幸人口」

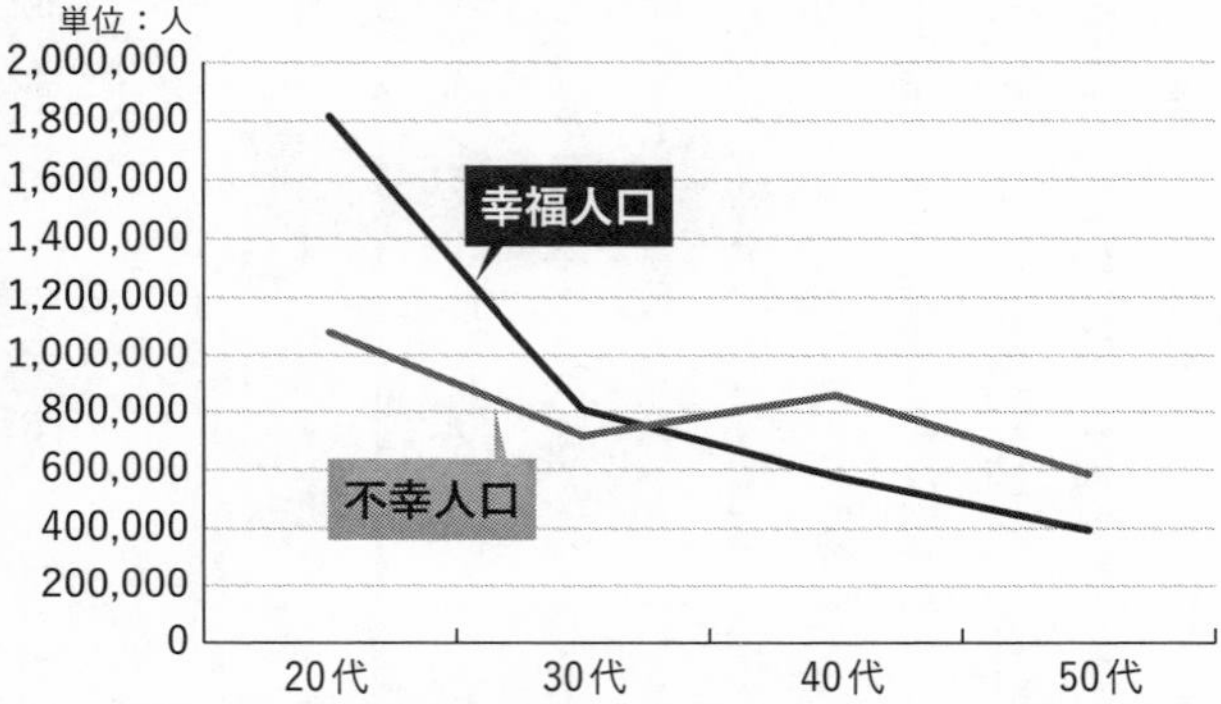

2020年一都三県20-50代未既婚男性（n=4159）より算出した年代別幸福割合を、2020年国勢調査の年代別未婚人口と掛け合わせて荒川和久試算。「どちらでもない」は除く。無断転載禁止。

未婚より既婚の方が幸福度が高いのは事実だ。しかし、それは「結婚したから幸福度が上がった」のではなく「幸福度の高い未婚が結婚していく」という因果があると見た方が、納得性は高い。

身も蓋もないいい方をすれば、「結婚したらしあわせになれる」と思っている人は、結婚もできないし、しあわせにもなれないのだろう。

欠乏の心理に支配されて、「あれが足りない、これが足りない」という不幸思考に陥っている人は、まず、現在の自分の「足るを知る」ことが先なのだ。そして、それは、たとえ結婚しようがしまいが、自分の人生をしあわせに生きていく上で大切なことでもある。

「足りない病」の人間に「足りない」ものは何か？

２０２２年、北京冬季五輪のスノーボード男子ハーフパイプにおいて、日本の平野歩夢選手がスノーボードとしては日本勢初となる金メダルを獲得した。しかし、この一部始終を見た人は、日本人だけではなく、世界中の誰もが思ったことだろう。「彼の２回目の採点はおかしい」と。彼の２回目の演技は完璧で、誰もが彼がその時点でトップに立つものと信じていたにもかかわらず、低すぎる採点によって２位どまりだったのだ。これは、海外でも大いに物議を醸した。

見ていた人はみんな同じ気持ちだったろう。何より平野選手本人がそう思っている。のちに、彼は「２回目の点数は納得いっていなかったけど……」と述懐している。しかし、それをパワーに変えて、彼は３回目もまったく同じ演技構成で完璧な技を見せつけた。むしろ２回目よりも高く、美しく飛んだ。そして、見事金メダルを獲得したのである。

人がネガティブ沼に陥る要因に欠乏の心理がある。

お金が足りない、仕事での評価が足りない、周囲の愛が足りないなどと思ってしまう心理だ。未婚者や低所得者や失業者などに不幸度の高い人が多いのは、この「欠乏」を感じる環境に置かれていて、かつ、その欠乏感を誰かを責めることや攻撃することでしか埋められないと思ってしまうことにあるわけである。

しかし、誰かを責めたところで、そもそも根本の欠乏は解決しない。

たとえば、腹が減ったとして、「俺が空腹なのは国が悪いからだ、政治家が悪いからだ」と他者を責めたところで、目の前に食事が現れるわけではない。誰かを責め立てる暇があるなら、食い物を食えばいい。食わないままずっと誰かを責めていればそのうち餓死するだけだ。

食い物の話でたとえれば、当たり前の話に思えるが、欠乏の心理にとらわれた人間というのは、そういう行動を取りがちなのだ。

足りない部分にしか目がいかなくなり、本質的に自分がやるべきことを見失ってしまう。

腹が減ったのなら、食えばいい。他者の評価が足りないのなら、点数をつけてもらえる行動をすればいい。そういう思考回路が重要なのだ。

こういうと、「腹が減ったら食えばいいというが、その食う物を買う金がない者はどうすればいいのか？　金がない者は死ねというのか」と本筋とは関係のない重箱隅つつき人間が湧いて出てくるが、まさにそういうところだ。

「足らない」を思うのではなく「何を足せばいいか」を考える。

平野選手は、2回目の点数が低かったことに当然ながら怒りを覚えたが、こう語っている。「最後、いつもとは違う気持ちで、いい意味でイライラしていました」と。並みの選手なら、「なんで点数くれないんだよ、審判の目は節穴かよ」と責めたいところなのに、その怒りやイライラを「もう一度完成度高めてやるのでちゃんと見てね」と、次の演技の行動に向けた。そして、文句のつけようのない結果を、あの大舞台の中で出したわけだ。

彼から人生の教訓を、しかも「美しい人生の教訓」をいただいたような気持ちになった。

「足りない、足りない」病の人間は、自分の前を行く「足りてる人間」の足を引っ張り、自分より足りない状態に落とし込むことで満足しようとする。次から次へと、目の前の「足りてる人」を後ろから殴り、足を引っかけ、転ばせて満足する。

しかし、よく考えてほしいのだが、そうやって自分の前にいる人間を片っ端から後ろに追いやったとしても、主観的には自分がトップになったような錯覚に陥るが、そいつは一歩たりとも前進していない。その場にとどまって、相対的に他者を後方に位置づけただけで、まったく行動していないに等しい。「足らない」という思考がもたらすのは、そういう幻想でしかない。

幸福度が高い人間と低い人間との差は、まさにそういう幻想にとらわれているかどうかで違ってくる。つまり欠乏の心理に支配されて「足るを知る」を忘れてしまうのだ。

本章の「結婚すればしあわせになれるのか？」で書いたように、「結婚したら幸せになれる」のではなく、「幸福な人が結婚している」のだ。「結婚したら幸せになれる」などという幻想にとらわれているうちは、結婚もできないし、万が一結婚できてもしあわせにはなれない。そして、自分が不幸なのは結婚できないからだ、自分を選ぶ相手がいないからだ、自分が選ばれるように差配しない仲人が悪いからだ、社会が悪い、政治が悪い……と誰かを責め続けることで欠乏の心理を埋めようとしている。本人は「誰かのせいにする」

という行動をしているつもりかもしれないが、客観的には文句をいっているだけにすぎない。そんな面倒くさい人間を誰が結婚相手に選ぶというのか。「足りない」なら「何を足せばいいのか」と行動することが大事なのである。

おっさんは叩いていいのか？

とはいえ、未婚者の不幸度が高い理由は決して本人たちだけの問題ではなく、環境がそういう空気を醸成している点も見逃してはいけない。

今では随分となくなってきているとは思うが、ほんの数年前までは、いい歳をして独身のままだと「どこか人間的に欠陥があるのではないか」と冷たい視線を向けられたものである。もしかしたら、今でも地方の田舎にはまだその名残りがあるかもしれない。

さらに、未婚や独身という属性に対する攻撃は今でもネット上でよく見られる。「結婚もせず子育てもしないで自由勝手に生きている人間は社会のフリーライダー」的なものである。皮肉にも、独身人口のボリュームが多くなるにつれ、このような「家族VS独身」の対立構造がより可視化されてきたようにも思う。その顕著な例が「独身中年おじさん叩き」

である。

おじさんネタはバズる。２０２２年、ネット記事周りのタイトルでは「働かないおじさん」というワードが多用された。50代を過ぎて出世の見込みもないおじさん社員が、仕事もせずにそれでいて高い給料をもらっていることを揶揄する言葉でもある。

おじさんネタ以上にバズるのが、独身中年男性ネタである。婚活ネタの記事でも「40代の中年独身男性が20代の相手を条件として提示し続け、いつまでもマッチングしない」なんて記事を出せば、途端に「身の程知らずだ」「キモい」などと非難のコメントであふれかえる。

特徴的だったのが「子ども部屋おじさん」の話である。「子ども部屋おじさん」とは、40歳など中年といわれる年齢を過ぎてなお親元に住み続ける未婚男性を揶揄する言葉である。元々ネットスラングとして２０１４年頃から使われていたのだが、２０１９年10月のweb『日経ビジネス』において『90万人割れ、出生率減少を加速させる「子ども部屋おじさん」』なる記事が掲載され、バズった。というより、大いに炎上した。まるで少子化や未婚化がこの「子ども部屋おじさん」の責任であるかのような誤解を生むタイトルであり、内容だったからだ。

「かつての親に依存するパラサイトシングルやニートと呼ばれる若者が、自立できずにそのまま中高年化しているのだろう」などと思うかもしれないが、事実からすれば、親元未婚比率が増えているわけではない。親元未婚の絶対数が増えているのは単純に未婚者数が増えているからにすぎず、決して親元未婚が増えたから未婚化や少子化が進んだという因果があるわけではない。また、そもそも論をいえば、結婚もしていない未婚の子が親元に住み続けることは昭和の皆婚時代でも当たり前の話で、進学や就職などで家を出た子以外は結婚というイベントではじめて家を出たのである。結婚していない以上そのまま親元に住み続けることに違和感はない。

さらには、親元に住む未婚者がすべて無業者であるはずもなく、パラサイトでもなければニートでもなく、ましてや引きこもりでもない。そもそも中高年で親元に住む未婚者は「おじさん」だけではなく、「おばさん」もいる。その割合が「おじさん」に比べて「おばさん」が圧倒的に低いわけではない。

親元未婚の比率は男女ともほぼすべての年代で同一である。国勢調査から20－50代で比較してみても、男の親元未婚率は60％であり、女は62％だ。なんなら女の方が少し多いくらいである。また、２０００年と２０２０年の親元未婚率を比較しても大差はない。つまり、事実からいえば、わざわざ「子ども部屋おじさん」などという蔑称を使ってまで大手メディアが報道するようなものではないのである。むしろ事実と反する間違った記事によって、間違った印象を与えかねない点で害悪ですらあると思われる。

なぜこうした印象操作的な記事が出回ってしまうのか。記者や専門家が単に無知だったという理由なら、お粗末ではあってもまだマシだったかもしれない。そうではなく、あえて「子ども部屋おじさん」という言葉を使いたい理由があることこそが危険なのだと思う。

つまり、生贄《いけにえ》なのだ。

私は書籍でも記事でもインタビューでも同じことをずっといい続けているが、未婚化や少子化の要因というものは決して「個人の価値観の問題」などではない。経済環境や職場環境含めた社会構造上の環境問題である。価値観が変わったのだとしたら、まずそれを変えるだけの理由となる環境があったはずで、価値観はその環境に適応したにすぎない。「若者が草食化したから未婚化になった」なんていい草は間違いであるという話は第一章でもご説明した通りである。

しかし、人間は社会構造の問題などという曖昧《あいまい》な理由では納得できない。というより安心できない。特定の誰かのせいにしたがる。だから、自分たちの安心のために、悪者を作り上げてしまう。

古来、コミュニティ内の仲間意識や絆を強化するのに一番効果的なのは、コミュニティの外に敵を作ることである。敵がいるのだから、みんなが一致団結して協力しないといけないという気持ちを喚起できるからである。

外に敵がいるうちはいいが、もし適当な敵が外にいなければ、仲間内からでも敵を作りだし、これをみんなで排除することで新たな仲間意識を確認する。極左集団の内ゲバなどはその好事例だろう。また、学校などでのいじめなどもこうした原理で発生する。

「子ども部屋おじさん」の件でいえば、少子化や未婚化の原因を「子ども部屋おじさん」を悪に仕立て、みんなの敵とし、彼らにその責任を一手に負わせることで安心を得ようとする人たちがいるのだ。

これは何かに似ていると思わないだろうか。そう。中世欧州の汚点ともいうべき「魔女狩り」そのものなのである。

おじさんなら叩いていい、おじさんでも未婚で親からも独立できず、満足に金も稼げないろくでなしだから叩いてもいい、そういう奴等は自分の弱さや甘えでそうなっているんだから叩かれても自己責任なのだ。そういう心理なのである。

しかし、そもそもその前提となっている事実が違うということは誰も気にしない。未婚化はおじさんが扇動したわけではないし、親元にいる未婚が未婚化を促進したわけではなく、それは結果である。また、弱さや甘えで親元にいるのではなく、そもそもずっと昔から結婚するまで親元に住むのが当たり前だったのに、そんな事実は無視されてしまう。叩きたい人にとって、事実であるかどうかなどどうでもよくて（本当の魔女かどうかなんてどうでもいいと一緒）、みんなの安心のための生贄を屁理屈でも用意しないといけないという考え方なのである。

まさに、古代ローマ帝国の礎を築いたユリウス・カエサル（シーザー）の言葉とされる「多くの人は、見たいと欲する現実しか見ない」そのものである。人間は自分が見たいものしか見ないし、たとえ目に入っていても記憶のフォルダーに残らない。信じたくない事実は無視し、信じたいと思う事実だけを脳内に取り入れようとする。心理学において、確証バイアスと呼ばれるものである。

勿論、人間である以上、メディアにいようが、知識人であろうが、何かしらのバイアスを持っているものであり、考え方に偏りがないわけではない。それは仕方のないことであるが、少なくとも事実を隠ぺいしたり、捻じ曲げてまで自分の主張を押し通すために大嘘を発信するのは控えるべきだろう。社会問題の責任を特定の誰かの属性の責任に押し付ける行為は、差別行為につながる危険性も秘めているからである。

しあわせとはなんなのか?

しあわせとは何か？　については、拙著『結婚滅亡』にも詳しく書いたが、大事なことなので重複するがこちらでもご紹介したい。

私は「しあわせ」を「幸せ」とは表現しない。「幸」という字は私が思う「しあわせ」とは違う意味だからである。そもそも「幸」という字は元々「手かせ・手錠」の意味であまりいい意味ではない。手錠をはめられた状態は自由を失った状態であり、それを「幸」というのはなかなか納得しがたいものがあるが、これは一体どういうことだろう。

夏目漱石の言葉に「人間は自由を得ると不自由を感じる」という意味の言葉がある。「何をしてもいいよ」といわれてしまうとかえって何もできなくなるように、自由であることは決して幸せなことではなく、少しくらい不自由さのある中にこそ本当の幸せがあるのだ、ということをいいたいのだろうか。まるで、月の小遣い3万円という不自由さの中でも、どう節約してやりくりするかに苦心することに幸せを感じてしまう日本のお父さんのように。

とはいえ、実は「幸せ」という表記になったのは江戸時代以降の最近の話で、元々は「仕合わせ」と表記していた。中島みゆきさんの歌『糸』で使われているのも、この「仕合わせ」という漢字である。

「仕合わせ」とは、さらに語源を辿れば「為し合わす」である。「為す」とは動詞「する」で、何かふたつの動作などを「合わせる」こと、それが「しあわせ」だという意味になる。

そう考えると「幸」よりも随分よい意味に思える。つまり、「誰かと何か行動を一緒にする」こと自体が「しあわせ」ということであり、元々は動詞であったことから、「しあわせ」とは状態ではなく「しあわせる」という行動そのものだったことがうかがえる。

よく婚活系女子のいう台詞《せりふ》に「結婚してしあわせになりたい」というのがあるのだが、結婚という状態にしあわせなどはない。結婚に限らず、就職、さらにはお金を所有しているという状態にもしあわせはない。「〇〇すればしあわせになれるはず」という思考は幻想にすぎないことは先に述べた通りだ。この「ある状態に自分の身を置けばしあわせになれるはず」という思考は、かえって人生の幸福度を下げてしまう。なぜなら、万が一その状態を手に入れたとしても、想像していたしあわせとのギャップを感じるし、その状態を獲得できなければできないで「その状態にない自分はしあわせではないのだ」と勝手に自らを不幸と定義づけてしまう。どっちにしてもしあわせにはなれないのである。

結婚にしても、就職にしても、その状態に意味はない。そこで誰と何をするのかがしあわせなのであり、お金や時間に関していえば、そのお金と時間を使って誰と何をするのかがしあわせなのである。いうまでもなく、その誰かとは異性に限らず、同性の友人であってもいいし、初対面の相手であってもいい。

つまりは、しあわせとは「人との接点・つながり」であり、つながった人と何をするのかが問われているのだ。いい換えれば、状態にしあわせはない。行動してしあわせを生み出すということである。

ウェルビーイングではなくウェルドゥーイング

ウェルビーイングという言葉をよく聞く。元々は、世界保健機関（WHO）が戦後になってから広めた概念で、「肉体的、精神的、社会的に良好な状態にあること」と定義されている。どちらかといえば、個人や社会のありようを示すフワッとした概念だったが、最近は、企業においても社員のウェルビーイングを重視する動きが出てきている。単純に社員の健康に留意するという枠内にとどまらず、創造的な企業の成果を生み出すためには個々の社員がしあわせに生き生きと働ける職場環境が重要であるという考えによる。

具体的にどのような状態のことをウェルビーイングと呼ぶのかについては様々な学説がある。有名なのは、ポジティブ心理学のマーティン・セリグマンが提唱したPERMAモデルというものであるが、それをここで詳しく説明することは割愛する。そのかわり、米国ギャラップ社のまとめ方がわかりやすいのでご紹介する。

そこでは、ウェルビーイングの構成要素を

① Career（仕事への納得感）

② Social（他者との深い関わり）

③ Financial（経済的満足）

④ Physical（心身の健康）

⑤ Community（社会とのつながり）

――の5つとしている。

④の心身の健康は、健康だけではなく、仕事や人間関係、社会とのつながりという意味でのコミュニティや、経済的な充実というものも含まれている。人間の心身の健康というものは医学的なことだけではなく、そうした生活に関わるすべての接点との関係性において担保されるものなので納得感がある。元来、健康であっても仕事での過重労働や人間関係がうまくいっていなければ、そのストレスで健康を悪化させてしまうものだ。そして、どんなに仕事や人間関係がうまくいっていたとしても、借金など経済的な問題を抱えただ

けでも人の健康は害される。健康どころか、男性の場合、自殺の動機の大部分は経済問題であり、命にもかかわる問題であるとして、ウェルビーイングの構成要素に「お金」の話を盛り込んだのは大切な視点であろう。

ウェルビーイングを高めていくという考え方自体は否定しないが、ひとつ違和感があるのは「良好な状態である」という意味のビーイングでいいのか、という点である。前節でも説明した通り、私は、しあわせというものを動詞としてとらえており、状態としては考えていない。状態であるという考えこそが、むしろしあわせから縁遠くしてしまう元凶だと思うからだ。

コーチングの世界でいわれる「be-do-have理論」というものがある。

beは状態、doは行動、haveは所有または結果という意味である。たとえば、have→do→beという流れは、戦後の日本の高度経済成長期に当てはまる。大量生産・大量消費時代で、誰もが「三種の神器」と呼ばれる商品を所有（have）し、そこでの日々の生活での豊かさを経験し（do）、しあわせになる（be）というものだ。

また、do→have→beという流れもある。わかりやすい例でいえば、一生懸命努力して勉強し（do）、結果を上げて、希望の学校に合格すれば（have）、しあわせになれる（be）というもの。

しかし、ふたつとも、何かを所有したり、行動すれば、しあわせという状態が手に入るという因果にしている時点で、先に述べた「フォーカシング・イリュージョン」と同様、苦しみを生むだけになる。要するに、所有できなければ、行動がうまくいかなければ、しあわせは手に入らないということと同義になるからだ。

そこで、コーチング理論では、be→do→haveの流れで考えようというのである。まず、先に「なりたい自分」というものを思い描き（be）、それに向かって今できることを行動し（do）、その結果としていつしか望む成果が手に入る（have）というものだ。サッカー元日本代表の本田圭佑選手は小学生時代の作文に「将来はセリエAで10番をつける」と書いている。メジャーリーグで二刀流で大活躍の大谷翔平選手は、高校1年の時に真ん中に「ドラ1・8球団」と書いた曼荼羅チャートという目標シートを作成している。二人とも、先に未来のあるべき状態（be）から進んでいるという共通点がある。

結果としての状態が後からやってくるのではなく、先になりたい状態をイメージするので、先のフォーカシング・イリュージョンには陥らず、常に今の行動（do）とともに、現在の状態（be）も理想に近づいているプロセスなのだと意識できる点で有効とはいえる。

本田・大谷両選手に限らず、スポーツ選手は「絶対できる・絶対勝てる」と自己暗示をかけて競技に臨むという例も多い。科学ではないが、言霊《ことだま》もそれと同様のものである。いい続けていれば、その状態に自然となっていくというものだ。

しかし、そもそも、本田選手や大谷選手のように、明確な「なりたい自分」というものを持っている人の方が少ないのではないか。むしろ、「自分は一体何をやりたいのかわからない」と己が青春時代を悶々と過ごし、社会人になってからも「この仕事は本当に自分がやりたいことなのか」などと思い悩み、大人になればわかるだろうと思いながら生きてきても、還暦をすぎて「一体俺はなんのために生きているんだ」と何も成長していないまま一生を過ごす人がいかに多い事かと思う。

たとえば、幸福度アンケート調査に対しては「とてもしあわせである」に○印をつけた人でも、フルタイム常時しあわせであるとは限らない。朝のラッシュ時に肩をぶつけてきたおじさんと揉めることもあるだろう。仕事を任せた部下が想像を超えるような初歩的なミスをしでかして、そのために大いに迷惑を被る場合もあるだろう。自分自身はルールを守っていても、わけのわからないドライバーによって交通事故に遭うこともあるかもしれない。

世の中は無常である。一切のものは、生じたり変化したり滅したりして、一定のままではないのだ。つまり、状態というものは今ここに存在するようであって、存在などしていない。常に移り変わっていくものであり、ずっとそこにあり続けると考えること自体が状態依存になり、もう不幸のはじまりなのである。

要するに、「be-do-have理論」といって理屈でなんとなく納得した気になっていても、所詮理屈であって、現実はそうはならない。もっといえば、beもhaveも所詮束の間の幻想にすぎないのである。

「なりたい自分になった」ところで、そこで人生が強制終了するわけではない。「なりたい自分をそのまま継続させる」のか、「また違うなりたい自分を思い描く」のか知らないが、結局のところ、1秒ごとに生きている自分というものは変化し、静止した状態など永遠にやってこない。

つまり、「do」しかないのである。常に動いている時間の中で、常に何か行動している自分がいるだけであり、一瞬何か手に入れたとしても、一瞬何かの状態になったとしても、そこに意味はない。

状態を目指すことや、先に状態ありきで精進しようが、どちらでもいいが、結局常にあり続けるのは行動だけである。

ウェルビーイングに違和感を覚えるのはそこである。「私は絶対に玉の輿を手に入れる」という意気込みは結構だが、「一体誰と何をしたい」がないのだ。何度もいうが、しあわせとは仕合わせであり、beでもhaveでもなくdoなのだ。どうあるべきか、何を獲得すべきか、ではなく、「どこで誰と何をするのか」に尽きるのである。

しあわせとは、ウェルビーイングではなく、ウェルドゥーイングなのである。仕事で何をしているのか、友人や恋人など人間関係の間で何をするのか、今ある予算の中で何ができるのか、コミュニティの中で自分はどういう役割を果たすのか。同じ人間であっても、時と場所と相手によって何をするかは変わっていく。常に一定の行動も状態もないのだ。

状態や名詞ではなく、動詞としてしあわせを常に動く時間の中でとらえるという新たな視点があれば、案外しあわせは、いつでも、たくさん感じられるものだったりするのではないか。

年齢別死亡者数長期推移と将来推計

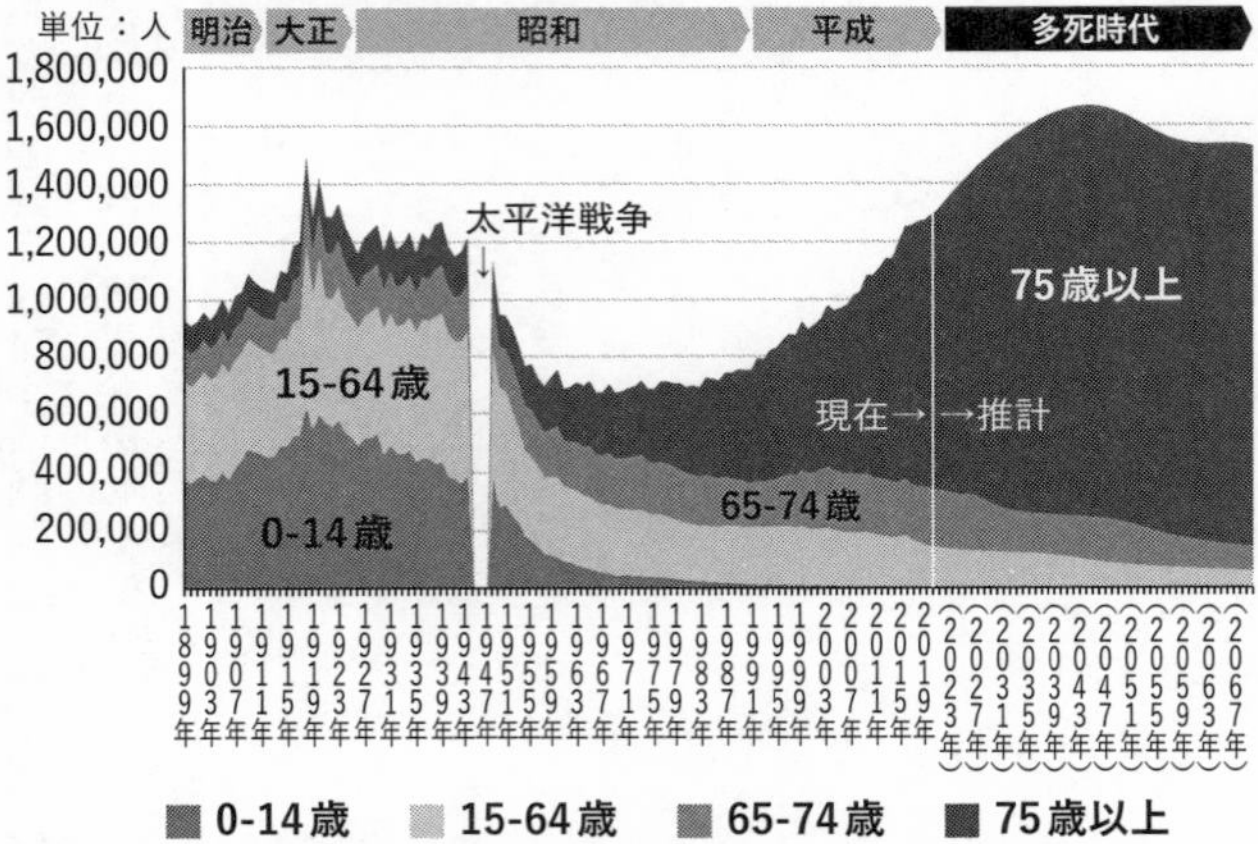

2004年までは厚労省大臣官房統計情報部人口動態・保健社会統計課「人口動態統計」より、2005-2020年までは人口動態調査より、2021年以降は社人研「将来人口推計（死亡中位）」より、それぞれ抽出して荒川和久作成。無断転載禁止。

未婚者・恋人のいる割合

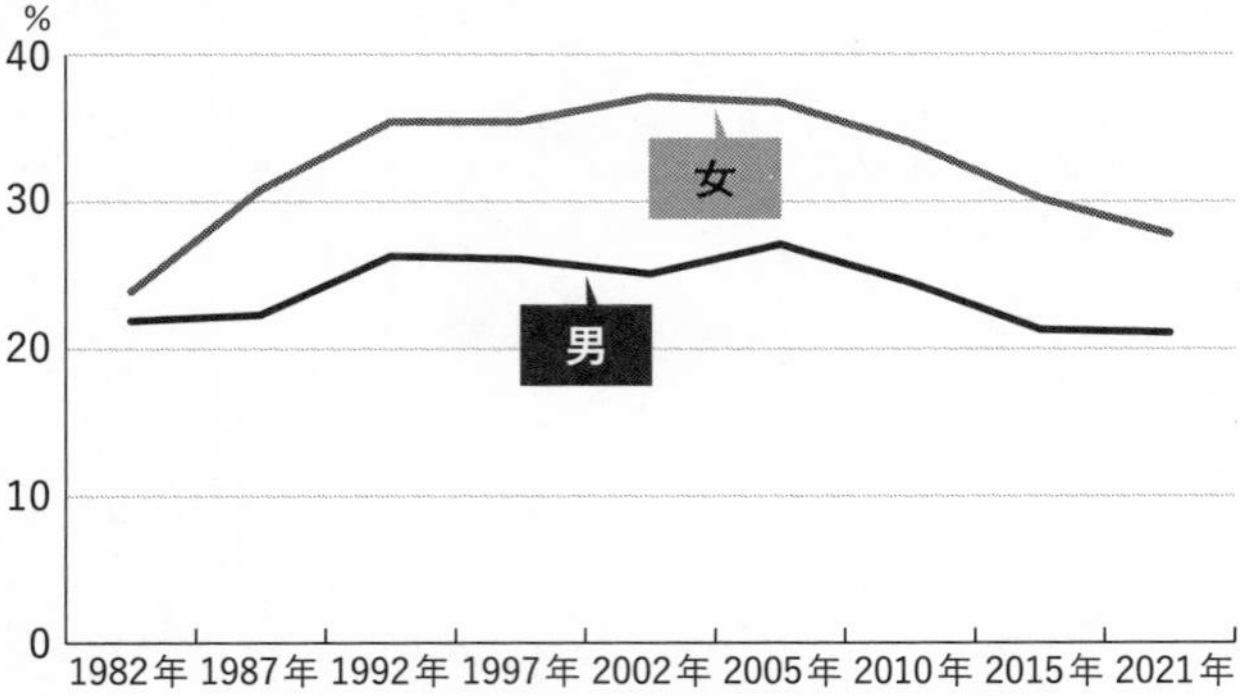

出生動向基本調査より18-34歳の未婚者の恋人または婚約者のいる割合にて荒川和久作成。無断転載禁止。

第三章

「孤独は悪」といいたがる人たち

孤独は悪なのか？

世界で初めての孤独担当大臣が設けられたのはイギリスで、２０１８年1月に、当時のメイ首相は「孤独は現代の公衆衛生上、最も大きな課題のひとつ」と表明し、世界的に大きな話題を呼んだ。日本では、２０２１年2月のコロナ禍中において、当時の菅首相が世界で2番目となる孤独・孤立対策担当大臣を創設している。

孤独の健康に与える影響については、米国・ブリガムヤング大学のジュリアン・ホルトランスタッド教授が第一人者といわれ、様々な研究結果を公表している。たとえば、「社会的なつながりを持つ人は、持たない人に比べて、早期死亡リスクが50％低下する」「孤独のリスクは1日タバコ15本吸うことやアルコール依存症であることに匹敵する」「孤独は肥満の2倍健康に悪い」などである。アメリカ連邦政府の元公衆衛生局長官ビベック・マーシー氏は「病気になる人々を観察し続けてきてわかったのは、その共通した病理（病気の原因）は心臓病でも、糖尿病でもなかった。それは孤独だった」などと述べている。

医療的な観点だけではなく、進化論的にもこういういわれ方をする。「そもそも人間は有史以来、他者や集団と一緒にいることで生き延びてきた。互いに協力し、互いを守り合ってこそ今に至る子孫が続いている。逆にいえば、他者や集団との絆を作れなかった者は死んでいった。つまり、人間にとって孤独とは死を意味するものである」と。

それらのいろんな情報を総合して「孤独は死に至る病」とか「孤独は悪」と決めつけて、孤独を否定しようとする論者はたくさんいる。誰がどんな論を展開しようがそれはそれで勝手にすればいいとは思うが、まず大前提として、私はこうした「孤独は悪である」論には真っ向から反対する。

「孤独は悪」論者の中には「孤独は悪なのだから、孤独を礼賛するような書籍は害悪だ」とまでヒステリックにいい出し、ベストセラーになっている孤独関連本の書名をあげて糾弾しようとする者までいる。

百歩譲って、孤独礼賛本は「孤独は悪」論者本人にとっては不快だったのかもしれない。しかし、反対にそれに救われた人もいる。自分が不快だからといって、その感情は全世界統一の絶対的指標とはならない。もしなると考えていたとしたらそっちの方が危険だろう。誤解のないように断っておくが、私は何も「孤独は絶対善」だといっているのではない。

そもそも善悪二元論などに分ける方が無意味だと思っている。彼らのいう「孤独」が身体的にも精神的にも悪い影響を与える人もいることは否定しないが、悪い影響どころかそれを楽しめる人もいるという事実を無視してほしくないだけである。孤独を悪と断じるのは勝手だが、それは絶対的なものでも普遍的なものでもないし、「そうじゃない」と考える人にまで自分の正義を押し付けるなといいたいだけだ。押し付けなければ、自分の中で「孤独は悪だから気を付けなければ」と邁進するのはご自由にどうぞという話である。

第一に、孤独と孤立というものを混同してはいけない。孤独とは主観的な感情であり、いうなれば「人それぞれ」である。どう感じるのか、どれくらい感じるのか、それが快適なものなのか、不快なものなのか、それは絶対的かつ統一的な指標にはなり得ないし、ましてや数字で断定できるものでもないだろう。一方、孤立は物理的な状態である。一人でいること、誰とも接点がないことなどだ。それは客観的に見ればわかることではあるが、それとて、では「一人でいることは悪なのか」という話になる。いっちゃなんだが「一人になりたい時」は誰にだってあるだろう。

孤独の定義としてよく引用されるのが、ドイツの哲学者ハンナ・アーレントによるものだ。彼女は、人間が一人である状態について、「ソリチュード（solitude）」と「アイソレーション（isolation）」と「ロンリネス（loneliness）」との3種類に分類した。しかし、その解釈や用語の使い方については諸説入り乱れていて混乱している。3つの言葉を辞書で引けば、日本語ではどれも「孤独」と訳されていて違いが不明確であるからだ。が、実は、3つの意味するところは全然違う。

せっかくなので、それぞれの違いについて簡潔に説明したい。

まず、「ソリチュード」とは、状態として一人であっても心のうちにもう一人の自分がいることを実感できていて、自分と対話できる状態である。一人で思考にふけるという状態でもある。アーレントは、それを「一人のうちで二人」という表現を使っていて、むしろ私たちにとってそれは望ましく必要な状態であると述べている。この「自分とつながる」ことは非常に重要で、これについては第四章で詳しく説明することにする。

続いて「アイソレーション」とは、社会的な人や物とのつながりが断絶されているが、プライベートな部分での物とのつながりは維持されている状態である。わかりやすくいえば、何か仕事や趣味に没頭している時に周りの世界や自分の中の思考もなくなってしまう状態と考えればいい。誰もが経験したことがあるだろう。これもまた一時的であればという前提でアーレントは否定していない。但し、それが慢性化してしまうと、社会から隔絶し、自室の中でゲームだけに終始するような引きこもり状態にも通じる。

最後に「ロンリネス」であるが、なんとなく歌の歌詞的には「寂しい」という言葉を連想しがちだが、アーレントの定義はそんな生易しいものではない。これは、自分が世界から隔絶され、拒否されていると感じるとともに、自分自身とも向き合えない状態とし、アーレントはこれを「見捨てられた状態」と表現している。要するに、社会とも他者とも自分とも物とも何物ともつながっていない状態である。わかりやすい例でいえば、引きこもってしまった人が部屋を汚してゴミためのようにしたり、風呂や歯磨きすらもしなくなり、やがて食事すらもしなくなるようなセルフ・ネグレクトの状態に近いかもしれない。

どれも日本語に訳すれば「孤独」になるが、この3つのレベルは天と地ほども違うことがおわかりだろうか。極端に単純化していえば、アーレントは、「孤独にはいいものもあれば悪いものもあるよ」といっているのである。それに私が付け加えるとするならば、「同じ人間であっても、孤独は害になる時もあれば救いになる時もある」のである。絶対的・

普遍的な孤独なんてものはない。

「孤独は悪」論者もよくアーレントを引用するのだが、その違いを曖昧にしてすべて「孤独は悪」というのは乱暴すぎる。そうしたツッコミをすると、今度は「ソリチュードはよいが、ロンリネスがだめだ」とごまかし始める。さらには、「孤独といってもいろいろある。自分が望んだ孤独はいいが、望まない孤独が悪だ」といい出す。とにかく、何がなんでも孤独を悪にしたいのだなという意気込みだけは感じる。一体何が、そうした人たちをそんな論理のすりかえまでさせて頑《かたく》なにするのだろうか。本当に不思議で仕方がない。「こどく」という名前の人に親でも殺されたのだろうか？

しまいには「孤独とは孤毒だ」などと言葉遊びをし始める。本人は「うまい事いった」とドヤ顔だが、どうでもいいわと正直思うのである。皮肉にも、毒という言葉がいい表してしまうのだが、毒というのは薬にもなる。いい方を変えれば、誰かにとっての薬も他の人には毒になる場合がある。大量摂取すれば薬でも命を奪う。要するにそれは、孤独が主観の感情であるのと同じで、孤独が毒になる人もいれば薬になる人もいるということだ。それならそれでいいじゃないかと思う。しかし、それでは「孤独は絶対的な悪といえなくなる」から嫌なのだろう。ここまでくると「面倒くさい人たちだな」としかいいようがない。

ともかく、「孤独は悪だ」といいたい人は「孤独を悪くない」とか「孤独が好きだ」という人が許せないらしい。

しかし、残念ながら多くの人にとって「孤独は悪ではない」のである。だから、「孤独は悪だ」などとたとえばツイッターでつぶやけば、大勢の人から「そんなことはない」と叩かれるという現象が起きる。「孤独は悪」論者にしたら意外なのだろう。「孤独は悪だ。だから孤独を解消しようとする論をいう私は皆から賛同や称賛を受けるはずだ」と考えていたのかもしれない。しかし、現実は「何もわかってないね」といわれてしまう。すると、「孤独は悪」論者は混乱する。認知不協和を解消しようとしてこう考える。「やっぱり、孤独なんかを礼賛している人はどこか壊れていて、こうして人を攻撃してしまうのね。やっぱりこれは深刻な病気なのだ。撲滅しなくいはいけないのだ」と。いやいや、最初に孤独が悪だ、とか孤独本は排除しろとか「孤独は悪じゃない」人たちを攻撃したのは自分じゃないかと思うのだが、いつの間にか論点のすり替えをし、自分を被害者かのように仕立て、

「孤独を楽しめる」という人の多様性を認めず、詭弁を弄し、あろうことか人格攻撃や差別的言動にエスカレートする。

勢いあまって、「無差別殺人などを犯す人は孤独なのだ。孤独はそうした無敵の人を生み出すのだ」と何のエビデンスもないことをいい出す。宮崎勤の事件の際に、「オタクは殺人者だ」というレッテル貼りの差別を生み出した時と同じ間違いを平気でしている。私からいわせれば、「孤独が悪」なのではなく「『孤独は悪』という言葉を錦の御旗に平気で人を差別する人の方が悪」に見える。

とはいえ、言葉の定義や認識の違いはさておき、「孤独が悪」という人のいいたいことは「友達がいないのはよろしくない」「会話する相手がいないのはよろしくない」「安心な居場所がないのはよろしくない」ということらしい。それはそれでよろしくない人もいるだろうから否定はしない。しかし、問題なのは、それに該当しない人もいるという想像力や視点が壊滅的にないことだ。

では、逆に、「友達がいればいいのか？」「話し相手がいればいいのか？」「居場所があればいいのか？」という部分が論点になるだろう。それについて、以降、述べていく。

友達がいないことはそんなに問題なのか？

「友達がいないなんて、きっとあの人は人格的に何か問題があるからだろう」と勝手に決めつけてレッテル貼りをする人がいる。その人のことを何ひとつ知らないくせに、である。

他にも、一人でランチを食べている人に対して「一緒に食べる友達もいないいんだ。寂しい人だ」とこれまた勝手に謎の決めつけをしてマウントしたがるのもいる。外に出ないで家の中で本を読んだり、ゲームするのが好きな人に対して「暗いね～」といじったりする人もいる。

かつて、いい歳をして独身のままの人に対しても同様な仕打ちがあった。「結婚できないなんてきっと人間性に問題があるんだろう」と。

しかし、友達の有無や未既婚や性別だけでその人の人間性や人格まで推し量れるものではない。ましてや、会話したこともないのにそういう決めつけをしてしまうのは、差別的であり非常に危険ですらある。

図12　友達が一人もいない割合

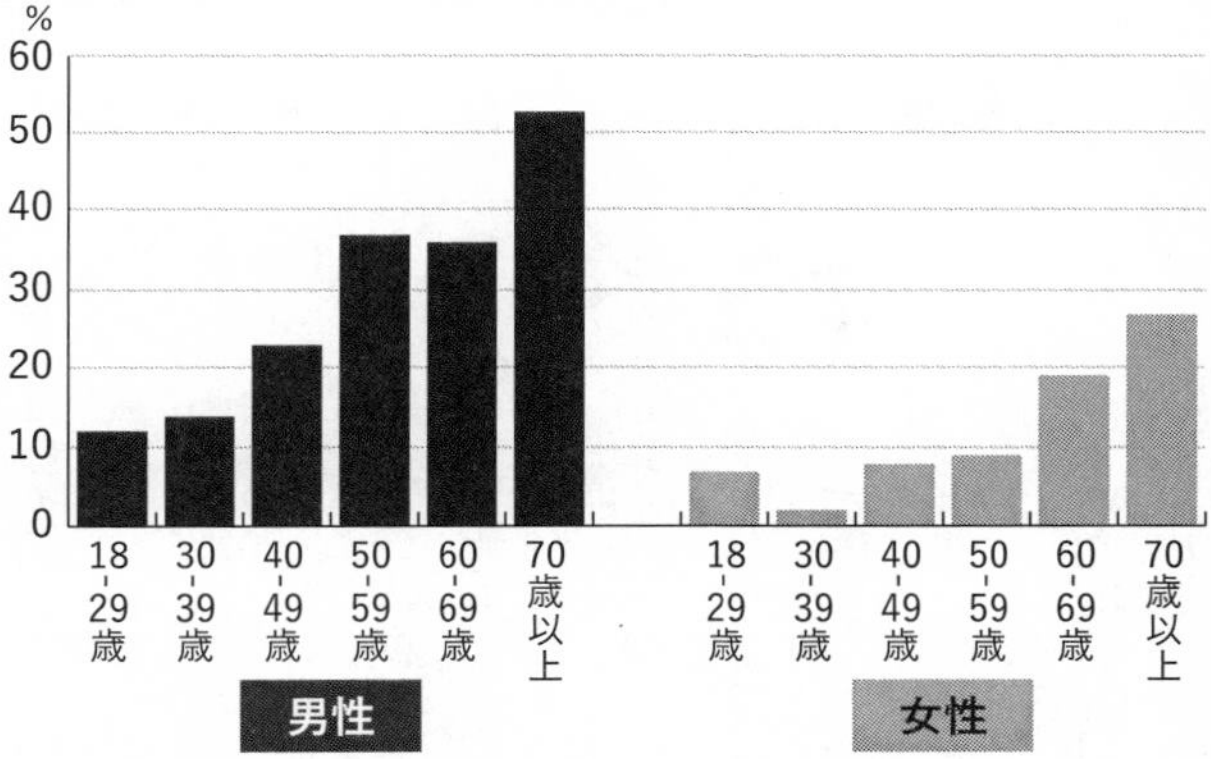

2017年「ISSP国際比較調査・社会的ネットワークと社会的資源」より
「悩み事を相談できるような友達の数（日本）」から荒川和久作成。無断転載禁止。

確かに、「友達がいない」比率はどの年代を見ても男性の方が多い（図12）。

しかし、友達の数と結婚の有無には何ひとつ相関はない。50代で友達なしが40％近くいるが、これは生涯未婚率の28％以上であり、「結婚していても友達がいない」男性がいるということでもある。むしろ既婚者の方が友達がいない率が高いと思われる。

大前提として、「友達がいない」ことは別に絶対悪ではない。

国内外のいろいろな調査で結論づけられて

いることだが、外向的な人間と内向的な人間の比率はほぼ半々である。国や民族や宗教・文化が違っても変わらない。とはいえ、社会生活を送る上で必要に応じて内向的な人でも外向的にふるまうこともあるだろう。表面上、外向的に見えたとしても、その姿は決して本性であるとは限らない。人と対面して関わることが苦手や苦痛に感じる人間もいる。

同時に、外向的100%、内向的100%のどちらか一方に偏っている人間もいない。人間は誰もが外向的な面と内向的な面をあわせもって、時と場合と相手によって出し分けるものである。

たとえば、芸能人など、テレビカメラの前では愛想よくしゃべり、コミュ力が高い人のように見えるため、プライベートでもいつも大勢の人たちとワイワイしているというイメージがあると思うが、「お疲れ様でした」の声がかかった以降は寡黙になったり、案外休日は「一人でインドア派」という人も多い。

私の調査においても、内向的・外向的もほぼ半々だったが、加えて「一人が好きなソロ派」と「皆と一緒が好きなトモ派」のどちらかの傾向が強いかについてもほぼ半々に分かれた。ここでいう「トモ」とは「友」ではなく「共」という意味である。「ソロ派」と「トモ派」のどっちが善か悪かの話ではなくどっちがより自分にとって快適かという話である。これもどちらか一方に100%偏っている人間もいない。

勿論、未婚と既婚とで比較すれば、未婚の方は「ソロ派」が多く、既婚は「トモ派」が多くなる。しかし、これを「未婚者はやはり、内向的で人付き合いの悪い人が多いのだ、だから結婚できないんじゃないか」と安易に解決するのは大間違いである。既婚者に「トモ派」が多くなるのは当然で、毎日、配偶者や子どもと一緒に暮らしているわけで、それが彼らの環境だからだ。

夫婦も家族もひとつの社会生活である。生活の環境がそうである以上、それが前提として生活が構築されるのだから何の不思議もない。同様に、一人暮らしの未婚が毎日一人で夕食を食べることは彼らの日常であり、「だから何？」という話でしかない。環境によって起きた状態を原因であるかのようにこじつけて、「内向的だとか、一人が好きとかいってるから、友達がいないんだ」というのは乱暴すぎる。

「ぼっちは孤独だからよくない」や「家に引きこもるのはよくない」など、個人の特性も考慮しないで大きなお世話をいいたがる識者もいるが、本人にとって慣れ親しんだ環境や快適な行動は様々である。

興味深いことだが、「友達がいない」といわれて怒るのは既婚の中年男性に多い。しかも、ある程度社会的地位の高い人に多い。聞いてもいないのに「俺は友達多い」と見栄を張るのもそうだ。

なぜおじさんは友達が少ないことを恥と感じるのか？　それこそが友達の数に代表される自分自身の数量価値（年収とか肩書とか）に依存しているからだろう。

数量価値依存は決して悪いものではない。そういうものが勉強も仕事も頑張れる原動力にもなるからだ。だからこそ、そのおじさんは結果として高い年収や地位を獲得したともいえる。しかし、長年それればかりに依存し続けると、そういうものが一気に剝奪された定年後に空虚になるのである。自分自身を見失うのである。

大事なのは友達の数ではない。

多様性というものを「いろんな人がいる」と区分けしたがる人がいるが、正しくは「一人の人間の中にも多様性がある」という視点に立つべきである。ソトかウチか、ソロかトモか、というどれかひとつしかしないという人間も稀で、会社では「トモ派」だが家では「ソロ派」など、一人の人間でも時と場合と相手によって出し分けている。濃度のバランスが変わるだけなのだ。

友達がいることの価値は否定しない。しかし、友達がいないからといってその人間の価値や幸福感が決定されるものでもない。友達でなくても人との交流はできる。逆に、「友達の数の多さ」だけに依存している人間ほど孤独で欠落感を抱えているのではないか。そもそも「俺には友達がいる」といっているが、それって本当に友達なのだろうか？

友達がいなくなったと嘆く中高年男性の本当の問題とは？

よく高齢者向けに「ソロ社会」をテーマとした講演会を実施させていただくが、その際、特に男性の高齢者からこんな質問を多く頂戴する。

「会社を辞めてから友達がいなくなった。どうすればいいか？」

この質問は、まず、前提の認識が違っていると思われる。

「友達がいなくなった」というのは、元は「友達がいた」という前提である。しかし、こうした質問をされる方は大抵「そもそも友達なんて元からいなかったのに、それに気付いていない」場合が多いのだ。

彼らのいう友達とは、あくまで会社の同僚や上司・部下という「自分の周りにいた人」の事を指していて、それは決して友達ではない。勿論、会社の中で友達を持つ人もいるだろう。頻繁に飲みに行ったり、休日にゴルフに行ったり、場合によっては、家族ぐるみで海水浴や旅行に行く間柄かもしれない。しかし、そのほとんどが会社を退職した瞬間に、ぱったり交流が途絶えてしまう。

彼らの人間関係というものは限りなく環境によって用意されたものだからだ。会社という環境＝「所属するコミュニティ」の中に互いに身を置いていたからこそ、たまたま行動を共にしただけなのである。その囲いがなくなってしまえば、途端に疎遠になってしまう。

会社という「所属するコミュニティ」の中の人間関係の多くは、その所属がなくなると同時に消えてしまうものにすぎないのである。

残念ながら、退職された高齢男性の多くは、在職中にその事に気付けない。それどころか、多くが仕事上の人間関係を友達と勘違いしてしまう。特に、現役時代に一部上場の大企業に勤めて、家庭や趣味より仕事に邁進し、出世も果たし、そこそこの上席管理職を経験した人ほどその傾向が強い。

会社ではポストに応じて、人間関係が自動的に用意される。上司がいて、部下がいて、同僚がいて、あるプロジェクトの仕掛り中には一緒に目標に向かって協働する仲間がいたはずだ。一定以上のポストであれば、秘書的な役割を果たす人材も用意されていた。自ら努力せずとも、自分の周りは人であふれていただろう。それが当たり前だった。ランチには誰かがお供についていてくれて、「飲みに行くぞ」といえば、大勢の部下が（内心は行きたくないと思っていても）ついてきてくれて「俺って人気ある～！　慕われてる～！」などと思ってなかっただろうか。

とんでもない勘違いである。上司だから、評価権があるから、人事権があるからついてきただけであって、決してあなたの人徳ではない。その証拠に、会社を辞めた途端、誰も会社の人間から連絡など来ないだろう。それは、かつてのあなたの上司にあなたもまったく連絡を取ろうとしなかったのと同じことなのである。

会社の人間関係は、会社の内集団だからこその関係性にすぎず、会社を辞めた瞬間に「外の人」になる。以前勤めていた会社だからといって、IDカードもないのに勝手に立ち入ることはできなくなるし、仮に「近くに来たから飯でもどう？」などとかつての部下に連絡を取ったところで相手も迷惑に思うはずだ。何十年も勤め上げたところで、退職すれば、それまでの人間関係はその瞬間に消滅するのである。

ここまで読んで、「いやいや、俺は大丈夫。俺には会社以外の友達もたくさんいるから」と思っている今は現役の男性もいるかもしれない。

しかし、その友達は、あなたが会社を辞めて、何の肩書もない状態になっても付き合ってくれるだろうか？　そもそもその人と知り合ったのは仕事絡みではなかったのでは？　連絡を取ってくる時は何かしら仕事の頼み事があったからではないか？

知り合いと友達は違う。フェイスブックで、登録上の友達数が何千人いたとしても、それは単に「いいね」をくれるだけの関係でしかない。

要するに、ほとんどの男性には、仕事を辞めた後も付き合いが続く人間関係はほぼないのである。深刻なのは、現役の時に友達がいると錯覚している人ほど、仕事を辞めた途端に「俺は友達がいなかったんだ……」と突然思い知らされ、大きな絶望に直面させられることの方である。

身も蓋もないいい方をすれば、退職後の高齢男性の末路は、友達もなく、趣味もなく、生きがいもなく、やることもなく、さりとて何かを始めようとする意欲も体力も気力もなく、ただ毎日テレビを見て過ごすだけの抜け殻となるのである。


このような男性が共通して発症する病気がある。今まで会社だけに依存してきた夫が、退職後は今度は妻に依存するようになる「妻唯一依存症」というものだ。勿論、私は医師ではないので医学的な病気というものではないが、こういう状態に陥った高齢の夫は、わかりやすくいえば幼児と一緒になってしまう。

妻のスーパーの買い物についていこうとするし、やたらと構ってもらおうとするし、ちょっとでも相手にしないと不機嫌になって怒り出したりする。唯一の依存先である妻に見捨てられることを極端に恐れるからである。

妻側もいい迷惑なので、何か理由をつけて夫を「家の外に追い出そう」とするが、夫は外に行ってもすることもないので、うだうだと居間に寝そべるだけである。邪魔だからとさらに妻に邪険にされると夫は一層妻にべったりになっていくという悪循環。元から何かしらの趣味を持ち、退職後はその趣味に没頭できる男性は別である。そういうものもなく、「趣味は仕事」という人生を送ってきた人こそ危険だ。本人も本当に何をしたらいいかわからないのだ（逆のケースもあるだろうが、夫唯一依存はあまり聞かない）。

内閣府が行った「第9回高齢者の生活と意識に関する国際比較調査（対象は60歳以上男女）」によれば、「生きがいを感じるのはどのような時ですか？」という質問に対する回答の男女の差分を見ると、高齢男性がいかに仕事以外に何も楽しみや喜びを見出せていないかがわかる。

高齢男性が女性と比して生きがいを感じるのは、「趣味・スポーツ」を除けば、「仕事」

図13　日本の高齢者「生きがいを感じる時」男女差

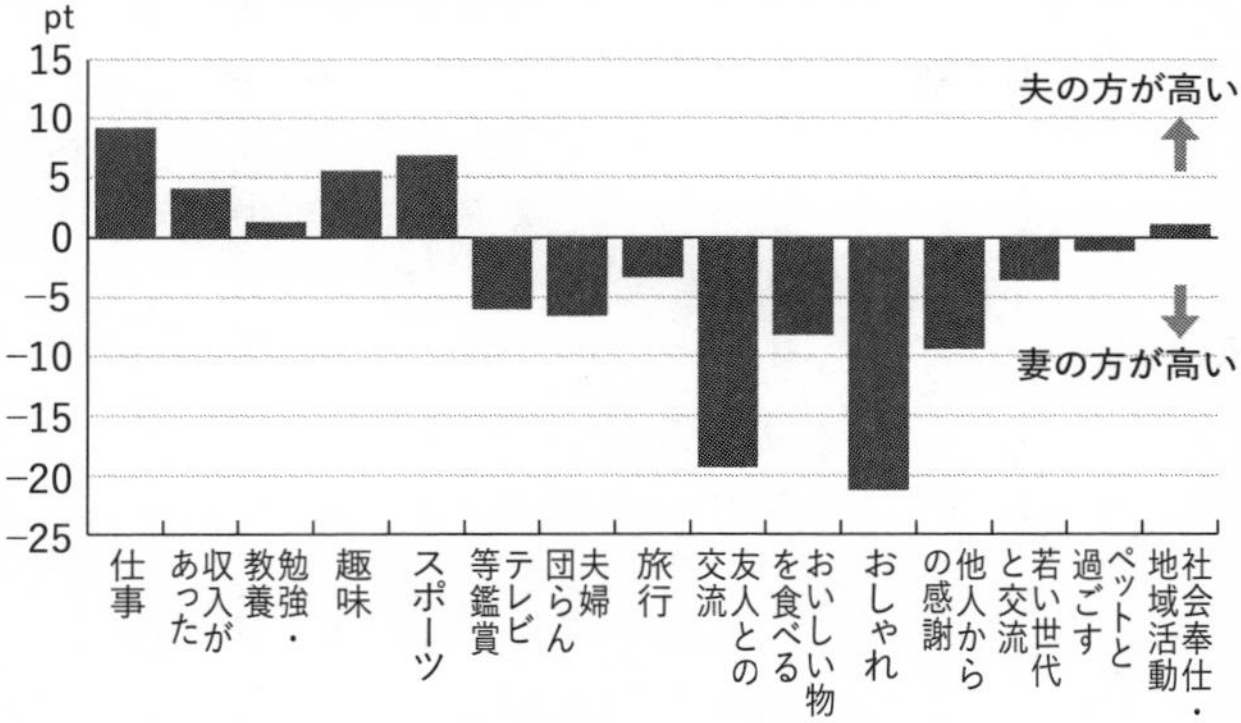

令和２年内閣府「第９回高齢者の生活と意識に関する国際比較調査（対象は60歳以上男女　n1247）」より日本の調査結果のみ抽出して個々の項目の男女差によって荒川和久作成。無断転載禁止。

や「勉強」「収入」といった、どちらかというと仕事的なものばかりである。

高齢男性と高齢女性の大きな違いは、女性の方が人とのつながりに生きがいを感じている点だろう。「おしゃれ」をして「友達と交流」し「おいしい物を食べ」たり、「旅行」したりして、そうしたつながりから「他者との関係性を構築」することが生きがいとなっている。女性にとって日常的にできる当たり前のことが、高齢男性にはできないのである。

なぜならば、「関係性の構築」は「所属するコミュニティ」の中では自ら自発的に行動しなくても、用意されていたものであり、むしろ「所属するコミュニティ」の中では「関係性の構築」よりも、与えられた「関係性の円満な運用」が求められていたからである。

何も「友達がいない」中高年男性は全員コミュニケーション能力がないわけではない。それどころか、自分が嫌いだったり、相性の合わない相手とでもうまくやろうと「空気を読む」能力には長《た》けているはずだ。でなければ、組織というコミュニティの中で長年勤め上げることはできない。

それはいい換えれば「敵認定されないように立ち回る力」でもある。「所属するコミュニティ」の中でもっとも重要なのは、力ある者または多数派から敵と認定されないことだ。しかし、それはあくまで与えられた世界の中でうまく立ち回る力であり、新たな関係性を構築するという創造性や開放性とは関係ない。

かといって、老後のために「友達作りましょう」とか「趣味を持ちましょう」とかいう胡散臭い高齢者向け自己啓発セミナーの口車に乗せられてはならない。まず、不可能だからだ。正確には「作ろうと思って友達はできるものではない」し、「趣味にしようと思って始めたことが趣味に昇華することなんてない」からである。友達はいつの間にか友達になっているものだし、趣味はいつのまにか泥沼（いい意味で）にハマっているものである。

では、友達もいない、趣味もない高齢男性はどうやって生きていけばいいのだろうか？それは「友達を作る」や「趣味を作る」ことではなく、1日数時間、週3日でもいいから仕事を続けることだ。その仕事は一人黙々とやる仕事ではなく、倉庫の分別とか大勢の人間との共同作業であった方がいい。なぜなら、それは金を得るための仕事ではなく、人と接する機会を得るための仕事だからだ。そうでもしないと、丸一日誰とも口をきかずに終わる日々を過ごすことになるだろう。

誰かと会話をするというのはとても重要である。他愛のない話で構わない。「俺の話を聞いてくれる相手がいる」と感じられることはそれだけで満たされる。それはメールやSNS上でのテキストのやりとりだけではカバーできない、心の充足と脳の活性化を生む。

友達の数より会話の数を増やす。できるならば、いつものメンバーだけではなく、時折知らない人との会話の機会があればなおよいだろう。「人見知りだし、口下手なので、知らない人と会話なんかできない」などと勝手にハードルを上げる必要もない。もしやったことがないのなら、一人旅でもしてみてほしい。見知らぬ土地の誰かと一言二言喋るだけでもいい。売店や飲食店のおばちゃんとの会話でもいいし、通りがかりの人に道を尋ねる事だけでもいい。同じ景色を見ている人に感想を伝えるだけでもいいのだ。自分の事を誰も知らない旅先であれば、案外気楽に喋れるものである。具体的な効用については、次章で詳しく述べる。

そうやって、会話欲求を満たしていかないと、お客様センターに電話をしてはクレームをいいまくる迷惑な高齢男性になってしまうかもしれない。

友達がいれば安心なのか？　「つながり孤独」という問題

ネットにおいては「孤独なおじさん」「友達がいないおじさん」というテーマの「おじさん叩き」の記事はPVを稼げる。有象無象のライターが中高年男性を揶揄するためだけに書いている記事も多い。往々にしてその結論は「友達を作りなさい」「人とのつながりを作りなさい」という安易なものに陥りがちだが、それが的外れであることは前節に書いた通りである。

逆に、そういう記事を書いている筆者たちに聞きたいのが「友達が大勢いれば孤独にならないのか？」という点である。多分こう返答するだろう。「友達が多くいれば寂しくない。だから孤独には苦しまないでしょ」と。恐ろしく浅い考えといわざるを得ない。

政府の孤独問題においても「孤独とは人とのつながりが希薄であることが問題なのだから、大勢の仲間のいる居場所を作れば解決する」などという人がいる。つまり、集団に属せば孤独にならないという考えなのだ。

友達を作れば、集団の中に所属すれば孤独を感じないなどという考えは間違いである。友達がいようと、家族がいようと、会社に所属していようと、むしろ周りを多くの人に囲まれているからこそ感じてしまう孤独の苦しみというのがある。それを「つながり孤独」という。

「つながり孤独」とは、一人でいる時に孤独の苦痛を感じるのではなく、大勢の中や友達同士と過ごしていても孤独を感じてしまうという人のことを指す。20－50代の未既婚男女を対象に私が調査した結果によれば、男性よりも女性の方が「つながり孤独」を感じやすい。男性では未婚でも3割弱、既婚は2割弱しか感じないが、女性の場合は、若いほど感じやすく、20代未婚の場合で47%、20－30代既婚でも4割以上感じている。

男性よりも女性の方が協調性が高いといわれるが、それは社会生活を送る上での様々な同調圧力に対して我慢をしがちという面と表裏一体である。友達と過ごしていても、誰も自分のことを理解してくれていないということでかえって孤独感を募らせてしまうこともあるのだろう。若年層に多いのも、「友達と一緒なら安心」という幻想に縛られているがゆえに陥る「みんなと一緒という呪縛」ともいえる。

こうした「つながり孤独」に苦しむ人は、表面上は人とつながっているし、みんなと仲良く笑いあっているように見えるかもしれない。しかし、その笑いは悲鳴と同じなのである。

正式な医学用語ではないが「微笑みのうつ病－smiling depression」という症状がある。「社会順応型境界性パーソナリティ障害」というべき症状で、「ベッドから起き上がれない・何もしようと思わない」というような通常のイメージのうつの症状とは大きく違う。毎日、職場に行けるし、そこでは元気な従業員として振る舞うこともできる。

同僚とランチを楽しんだり、週末遊ぶ計画を立てて盛り上がれるのだが、その間も心ここに在らずといった空虚感を覚えてしまうのだ。仕事はキチンとこなすのだが、家に帰ると異常な疲労感に襲われてしまったりする。読者の中にも心当たりがある人もいるのではないだろうか。

その蓄積により、いつしか心に深刻なダメージを受けてしまうのだが、周囲の人はまったく気付かない。なぜならば、いつもみんなと一緒に楽しそうに過ごしているからである。「微笑みのうつ病」になってしまう人ほど、みんなとの協調性を大事にしようとするし、いつも相手の事を考えて行動しようともするし、不機嫌な顔などしてはいけないという強迫観念にとらわれている。そんな無理してまで、「みんなと一緒」にいる自分を演じるから心が壊されてしまうのだ。これこそ「群れという病」といってもいいのではないかとも思う。

幼い子どもは、母親の姿が見えなくなると不安になってしまう。子どもにとって母親はある意味世界のすべてでもあるからだ。しかし、だからといって、いつまでも母親べったたりというわけにはいかない。成長するにしたがって、母親が買い物で留守にしても、一人遊びをして待っていられる状態になる。これは、精神分析医で小児科医のD・W・ウィニコット氏が提唱した「一人でいられる能力（capacity to be alone）」というものである。母子両者の間に信頼関係が築かれれば、そうした能力を子どもは自然に習得する。たとえ目の前に母親がいなくても自分は見捨てられてはいないという安心感があるからである。それこそが、子どもの心に生まれた小さな自立心であり、たとえ状態としては一人（孤独）であったとしても、誰かと共有できる何かがあると感じれば、寂しさや苦しみを感じなくなるのである。

「つながり孤独」に陥る人は、母子の間では自立できたかもしれないが、社会生活の中で職場や友人との間に真の信頼関係を築けていないのだろう。「みんなと合わせていないと見捨てられてしまう」「仲間外れにされてしまう」という恐怖から、常に微笑みを振りまいて、みんなと一緒にいようとしてしまうのだ。しかし、それは結果として安心感にはならない。むしろ永遠の孤独の苦しみになってしまう。

孤独問題を解決するには、その人間の外側の状態を整えて、大勢の人たちと同居したり、つながりを持ち、居場所さえあれば解決などという人には、この「つながり孤独」に苦しむ人の気持ちなどわかるはずがない。救うどころかかえって苦しみを増強させてしまうだけだろう。

「つながり孤独」に苦しむ人は、一人でいても孤独に苦しむ。一人だから辛いのだと考えて、誰かと一緒にいようとするが、猶更辛くなってしまう。どうすればいいのだ、という話だ。逆にいえば、一人でいる時に苦痛じゃない人間は、当然「つながり孤独」も感じない。

自殺者が全員一人暮らしなわけではないし、全員独身でもない。結婚していても、家族と同居していても自殺してしまう人はいる。傍から見て、毎日充実しているように見える人でも自殺してしまう場合もある。

周りに誰かがいることそれ自体は否定しない。誰かに悩みを打ち明ける機会があることも大切だとは思う。たとえば、母親がいない孤児にとって、母親代わりとしての救いの誰かがいることは重要で、それで救われる人もいるだろう。誰かに話を聞いてもらうことだけで気が楽になる人もいるだろう。しかし、その苦しみが「つながり孤独」に起因する人にとっては、それは何の解決にもならない。「周りに人がいれば安心だというが、そいつらと話をしても無駄だとわかった。むしろ一番近くにいるくせに何もわかってくれない」と、かえって絶望の淵に追い込まれてしまうことだってあり得る。

そんな辛い心の内を打ち明けて、かりそめに「わかるよ～」なんて返されても実は「つながり孤独」は解決しない。なぜなら、所詮本当の苦しみなど他人は理解できないからだ。できるなんて人間がいるならそれこそエスパーだ。かりそめに、話を聞いてもらって誰かにわかってもらえたと錯覚したところで、それはまた新たな「この人の前ではちゃんとしなきゃ」という縛りを生むだけだ。もしくは「この人だけが私の救いだ」という唯一依存に陥る。それは、友達のいないおじさんの妻唯一依存症となんら変わらない症状である。

決して周囲の人間が悪いのではない。しかし、過保護な母親の愛は子どもの自立を阻害してしまう場合もあるように、よかれと思った優しさが本人に引導を渡す危険性だってあるのだ。そういう視点も忘れてはならない。

孤独であることと孤独に苦しむことは別

２０２２年、内閣官房の孤独・孤立対策室において、日本における孤独・孤立の実態を把握するための初の大規模調査（約２万人対象）結果が発表された。

本調査は、非常に多岐にわたる質問が用意されており、中でも配偶関係別に孤独の実態を調査している点が評価できる。性別や年代別だけでは見えてこない違いがあるからである。

まず、配偶関係別の孤独感について男女年代別に見てみよう（図14、１１８ページ）。

全体的には、未婚及び離別・死別などの独身の方が孤独を感じやすく、女性より男性の方が孤独を感じやすい。さらに、年齢的には、30〜50代の中年層が孤独を感じやすいという傾向が見てとれる。孤独をもっとも感じやすいのは、男性では50代で配偶者と死別した層、女性では20代で離別した層だった。

しかし、単純にこれだけを見て、「やっぱり結婚した方が孤独じゃないんだな」と結論

図14　男女配偶関係別 孤独を感じる割合

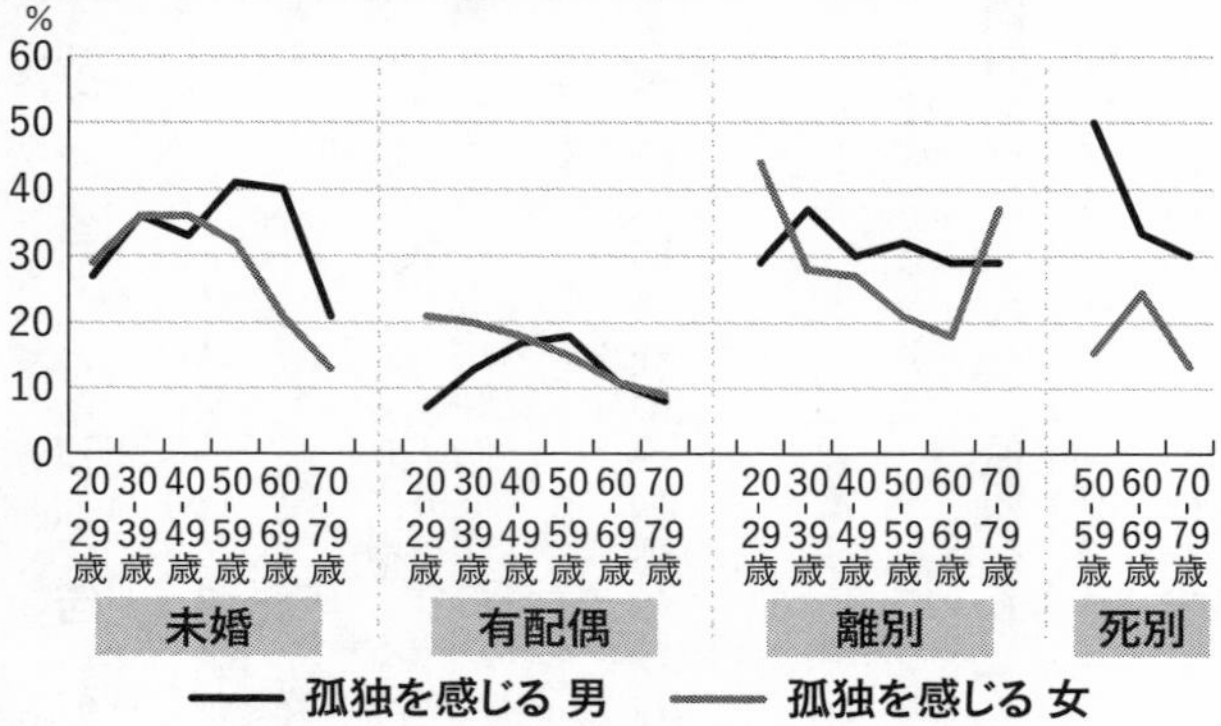

2022年内閣官房「孤独・孤立の実態把握に関する全国調査」より、
「孤独を常に感じる・時々感じる」割合の合計にて荒川和久作成。
年齢等でn数が少ないものについては除外。無断転載禁止。

づけられるものではない。そもそも「孤独は問題だ」と大声で騒ぐわりに、性別や年齢、配偶状況にかかわらず「孤独を感じる」という割合は過半数にも達していない。高齢者の孤独という話題もあるが、これを見る限り、むしろ高齢になるほど孤独は感じない傾向もある。ある意味、現役世代で人との交流機会が多いはずの年代の方が孤独感は高いということになる。

「中高年男性は友達が少ない。だから孤独なんだ」といいたがる論者は一体この結果をどう受け止めるのだろうか。前々節で紹介した年代別「友達が一人もいない割合」のグラフ（図12、97ページ）と図14とを照合すれば、友達ゼロが多いほど孤独感は少ないともいえる。

孤独の問題を論じる際に、忘れてはいけない大前提がある。それは、孤独を感じること
と孤独を苦しいと感じることとは別であるということだ。

私は、２０２０年に１都３県20〜50代の未既婚男女（n=15644）に対して、「孤独を苦痛
と感じる」割合について調査したことがある。それによれば、未婚男女においては「孤独
が苦痛」なのは1割以下のレベルであり、既婚男女においても2割にも達しない。つまり、
未婚も既婚も男女かかわらず、「孤独を感じることはあっても、それは苦痛ではない」と
いうのが大部分なのである。

だからといって「すべての孤独は問題ではない」などというつもりはない。が、一口に
孤独といっても、それを苦痛に感じる人もいれば、むしろ孤独を楽しめる人もいるのだと
いう認識が必要だろうと思う。

というと、必ず「孤独を楽しめる人なんていない。だって孤独は悪なのだから」と聞く
耳を持たずに反論してくる人がいるのだが、なぜそう決めつけられるのか不思議である。

これは決して皮肉ではないのだが、多分そういう人たちは本心から「孤独を楽しめるという意味がわからない」のだと思う。そういう人がいてもいい。わからないものはわからないでいい。しかし、自分に見えないからといって、そこにそういう人がいることを自分の主観だけで否定するのは違うと思う。見えなくてもいいし、無理に見ようともしなくていいが、見えるという人を否定するなといいたい。

当然、孤独が苦痛である層に対しては、相応の対応が必要になる。たとえば、コロナ禍において、新入学した大学生の多くは、入学してからずっとキャンパスにも行けず、同級生と話をすることもできず、ひたすら自宅でオンラインの授業と課題をこなす毎日を強要された。地方から出てきて一人暮らしをしている学生にとって、これはいわば「独房に押し込められたような状況」に近く、その環境において孤独を感じた若者も多い事だろう。

加えて、大学生の主要バイト先である飲食店やサービス業の働き先も時短や休業でなくなってしまった。誰も知らない土地に来て、誰とも知り合えず、誰とも直接的に交流できない状況が2年以上も続けば、それは人間の持つ帰属欲求の完全排除にも近いわけで、辛かったろうと思う。
しかし、これは「若者が孤独を抱えている」という問題ではなく「若者の交流の機会をことごとく剝奪した政府及び大学の処置のまずさ」であり、「若者の置かれた環境」の問題である。孤独問題ではなく、大学側の運営問題である。問題の本質をずらしてはいけない。

孤独に苦しむとは、結局はおカネの問題

前述した内閣官房の孤独調査では、他にも興味深い結果が出ているのでご紹介したい。20～50代の現役世代だけを抽出して世帯種類別及び年収別に「孤独を感じる」割合分布が図15（122ページ）である。

20代だけは多少バラツキが見られるが、男女とも年収が高くなるほど孤独を感じる割合が減少している。注目したいのは、単身世帯でも二人以上の世帯でも同様に年収が増えるほど孤独感が減少する点である。これを、前述した配偶関係別のグラフと照合すると、以

図15　年代別世帯年収別 孤独を感じる割合

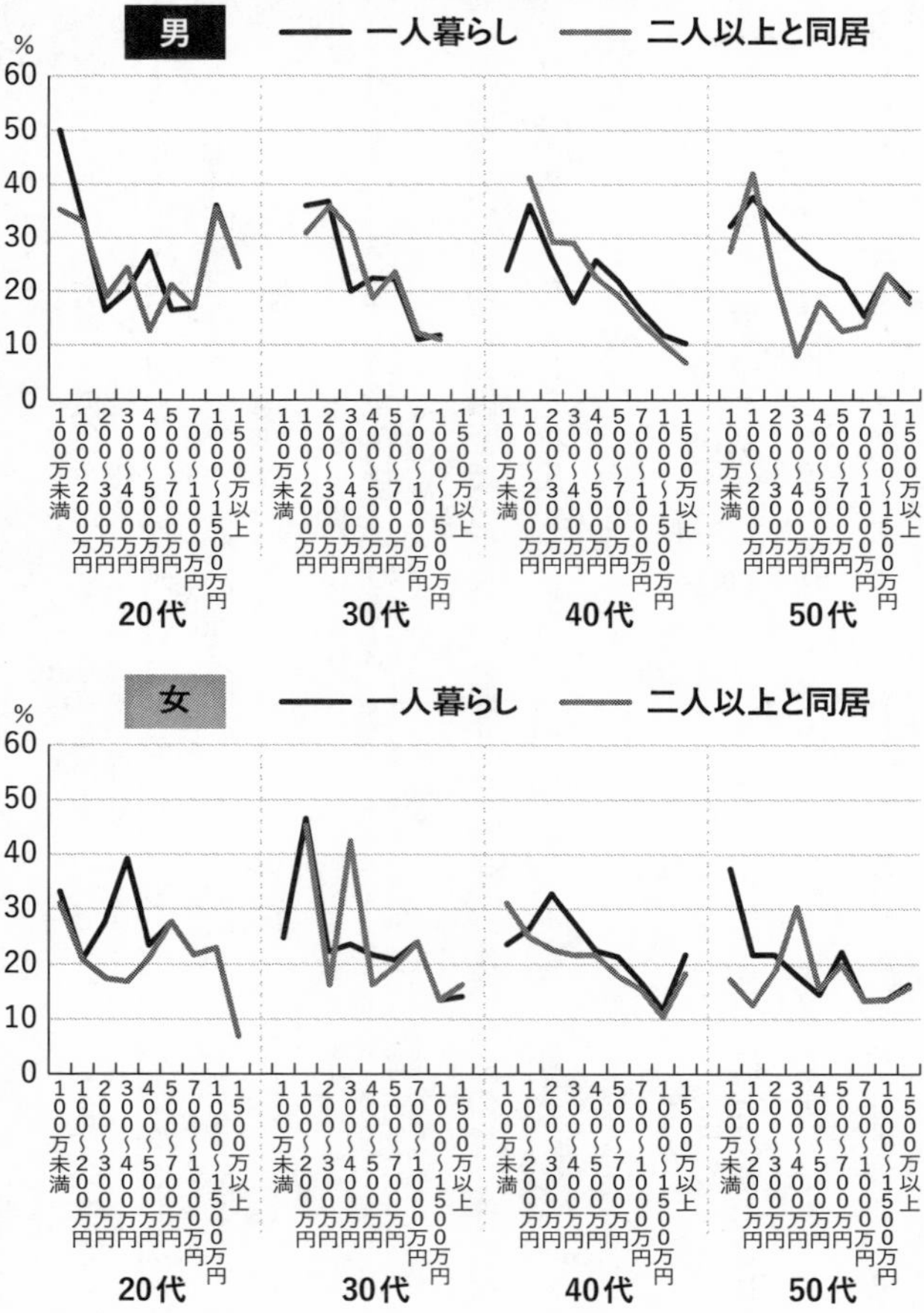

2022年内閣官房「孤独・孤立の実態把握に関する全国調査」より、「孤独を常に感じる・時々感じる」割合の合計にて荒川和久作成。年収帯でn数が少ないものについては除外。無断転載禁止。

下のような仮説が浮かび上がる。つまり、孤独感とは、有配偶など誰か同居する人間がいるかいないかという問題より、年収の多寡《たか》で孤独感の増減が決まるのではないか、ということである。

同調査には、これまで経験したライフイベント別孤独感を表したものもある。これによると、「一人暮らし」など人との同居環境による変化は孤独感にはほとんど影響を及ぼしてはいない。同様に、家族との離別や死別、友人などとの離別についても少ない。男性では「いじめやハラスメントなど人間関係のトラブル」がもっとも多いが、その次に「生活困窮・貧困などの経済トラブル」となる。女性も経済トラブルがもっとも孤独感を増幅させた要因となっている。

先ほどの年収との相関とあわせて考えると、孤独を感じるというのは、人間関係の問題も勿論あるのだが、それと同等以上に「経済的問題」であることが明らかになる。

今まで、感覚的に「家族や友達など話し相手がいない」とか「コミュニケーションする相手がいない」ことだけが、孤独感の元凶のように語られていたが、この初めての孤独に対する大規模調査から浮かび上がってきたのは、「孤独とは経済問題なのだ」という発見である。要するに、「お金が足りないから孤独感を感じてしまう」のだ。

裏返すと、経済的な欠落感がなくなれば孤独感は解消されるかもしれないという新たな解決方法も見えてくる。孤独解決のためには「お友達を作りましょう」「コミュニケーションできる相手を見つけましょう」などといわれていたが、そういうことじゃないという話でもある。

そういうと「お金があっても孤独に悩む人がいる」「友達や家族はお金では買えない」「なんでもお金で解決できる問題じゃない」という人も出てくるかもしれないが、それはある程度お金に余裕がある人の論理だし、本当に金に困ったことがないからいえることなのではないか。

若者が結婚できない大きな要因のひとつに経済問題があるという話は第一章でも書いたが、結婚や恋愛だけではなく、交友関係もまた個々人の置かれた経済環境の影響が大きいものである。幼稚園でさえ、裕福な家の子と貧乏な家の子では通う園が違う。小学校や中学校では利害関係なく友達が作れるはずだというが、それはそもそもその学校に集まっている子どもたちが同じような年収の家の子という同類縁で構成されているからである。

学生のうちはまだ自分で稼いでいない分あまり意識はしないが、社会人以降になると知り合う友人はほぼ経済的同類縁に限られてくる。同じ会社で同じ給料だからというだけではない。社外でも自分の収入と同じような相手としか出会わなくなる。収入に応じて住む場所も違ってくる。出かける店のレベルも変わってくる。つまり、友達になれる間柄というのは大体同じような収入のある者同士となる。収入が自分の環境を形成していくのであり、その環境の中で知り合う相手というのは基本的に経済同類縁なのである。

たとえば、300万円に満たない年収の人間が年収1500万円の裕福な人間と一緒に遊ぼうと思っても、それを可能にするだけのお金がない。実施する趣味や行動にかけるお金のレベルも合わないだろう。それでは友達になれない。

何より年収200万円台で生活をするとなれば、それこそ毎月カツカツの生活を余儀なくされる。一人暮らしなら家賃も光熱費もかかるわけで猶更である。まして、今後インフレが加速するという中、さらなる増税や社会保障費負担増がささやかれている。額面の給料が増えても手取りは減るのである。それではお先真っ暗だ。自分一人生きていくのに精いっぱいで、誰かと一緒に遊んだりする余裕すらなくなる。お金がないから人とのつながりもなくなるわけで、孤独の正体は貧困なのである。

孤独を苦痛と感じる人の根本が「人とのつながりがないことではなく、お金がないことの不安」だとするならば、話し相手がいればいい、とか、居場所があればいい、という前に「まず、金をよこせ」といいたいだろう。

勿論「金さえあれば人は孤独に苦しまない」なんて結論づけたりはしていない。逆に「裕福な人間は孤独にならない」という話でもない。そんなことは当たり前の話だが、「貧すれば鈍する」といわれるように、「金がない」という環境は、人間のあらゆる行動を萎縮させる。何もしたいと思わなくなる。失敗したくないと思う。面倒くさいと思う。自分の姿形すらどうだっていいと思う。そんなもの気にしていられないと思う。自分のことすら気にしない人間は他人のことを気にしたり、心配したりする余裕がなくなる。そうした状態に陥ってしまうと思考の視野が狭くなる。精神的にも閉じてくる、病んでくる。もし、そうした状態を「孤独に苦しむ」ということだとするならば、それを解決するのは個々人のコミュニケーション力や性格など属人的な問題ではなく、毎日を心配しなくていいお金という経済環境の話だったりするのではないか。

孤独とはなんなのか？

今まで論じてきたように、孤独を善悪二元論で断じたり、そもそも「望んだ孤独」と「望まない孤独」があるという二分類にしてしまうことの意味はない。望むと望まないとにかかわらず孤独は人の周りに必ずあるし、人の中にも存在する。哲学者三木清は『人生論ノート』の中で〈孤独は（略）一人の人間にあるのではなく、大勢の人間の「間」にあるのである〉と記しているが、まさに〝人と人との間には必ず孤独が生まれる〟のである。

さらに、私なりに、三木の言葉を膨らませると、「人ではない物や自然や映画・小説・物語などの虚構との間にも生まれるもの」である。つまり、自分と相対するものすべてと自分との間に孤独は必ず生まれる。そして、生まれてよいのである。逆に、そうした対象との間に孤独が生まれないという感情の方が危険である。なぜなら、あらゆる対象と向き合った時に、生まれるものはすべて、あなたの心に生じた大切な感情の投影（プロジェクション）だからだ。

たとえば、Aさんという人と対面したとしよう。話をしたりして、何か共通の趣味嗜好が合致して、気が合ったような気持ちになったとしよう。しかし、だからといって、Aさんのすべてをあなたは理解したわけではない。ほんの少しAさんと接続したにすぎない。にもかかわらず、あなたはきっと「Aさんはこういう人なんだわ」と思ってしまうに違いない。「趣味嗜好が合うのだから、私とは気が合うはず」と思ってしまうかもしれない。

しかし、それはあくまでAさんではなく、「あなたの心が作ったAさんの虚像の投影」にすぎない。しかし、あなたはそれを虚像ではなく実像だと錯覚する。すると、さらにAさんと会話を進めると自分の嫌いな虫が大好きだということがわかる。虫について楽しそうに語るAさんを見て、あなたは少なくとも不快感を抱くだろう。違和感といってもいい。その違和感が孤独なのである。「せっかくよいお友達になれそうだったのに、虫が好きだなんて無理」と思ってしまうとすれば、残念な気持ちが心の中に湧き上がるだろう。

しかし、よくよく考えてほしいのだが、勝手にAさんの虚像を作り上げたのはあなた自身である。そして、勝手に幻滅しているだけだ。Aさんにしてみれば、あなたの投影したAは「私じゃない」といいたいだろう。

しかし、人と人との関係は、常にこうした勝手な投影による期待と幻滅の繰り返しによって生成されていくものであり、我々は自分の外の世界をありのままになど見ていないのである。外世界に存在するAさんを見ているのではなく、Aさんと接続したことを通じて、あなたの中に生まれたあなたが思い描くAさんを見ているにすぎない。そして、その多くは深く知れば知るほど、期待を裏切るAさんと接続することになる。勿論、期待通りのAさんだけが続く場合もあるが、その場合だとしても、「期待通りの投影をしたAさん」を見ているのであり、その「期待通りでうれしい」と思うこともまた、そこに生まれた「孤独」なのである。なぜなら、その感情や心というものは、あなたしかわからない「あなただけの虚構」だからだ。Aさんは知らないし、知る由もない。

人と相対した時に、人間は無意識にひとつの会話、ひとつの行動で「あなたはこういう人だよね」と都度刹那で感じ方を変えていくものである。感じる心は、ポジティブなものであれ、ネガティブなものであれ、すべて「孤独」である。

Aさんと知り合う順番が逆でも同じだ。最初にあなたの嫌いな虫の話をし始めたとしたら、あなたは「この人とは合わない」と投影する。しかし、そのうち別の話になった時に、あなたと趣味が合致することがわかったとする。すると今度は虫のことで嫌悪感を抱いたことを忘れて、「私と趣味の合うAさん」という投影に上書きしてしまうかもしれない。最初に抱いたものと真逆の印象が生じる事も「人と人の間には常に孤独が生まれる」ということなのである。

つまり、孤独とは個々人が人でも物でも対象と相対した時に勝手に作り出す「あなた自身の作り出した虚構」であり、それは必ず一人一人違うものであり、それを相手に理解してもらおうと思っても完全に伝えることは不可能なものなのである。

というと「いや、そんなことはない。Aさんと私は相通じるものがある。互いに共感する部分がある」というかもしれない。勿論、Aさんとの付き合いが長くなれば、ずっと期待通りのAさんの姿を垣間見られる場合もあるだろう。しかし、Aさんはあなたではない。あなたの知らないところで、うれしいことや悲しいことに出会うかもしれない。しかし、そのすべての感情をあなたは知らない。Aさんが明るい方だとして、ある日とても悲しそうな顔をしていたら、どう思うだろうか。「何かあったの?」と心配に思うだろう。しかし、心配かけまいとAさんは多くを語らなかったとしよう。それに対して「私は頼りにされてないのかな」という孤独があなたに生まれる場合もあるだろう。

どんなに付き合いが深かろうとも、自分じゃない対象との付き合いは都度刹那で孤独という投影を生むのだ。

人だけではないと申し上げたが、たとえば自然の風景を目の当たりにした時に生まれる「孤独」というものもある。海から立ち上る朝日を見た時とか、山の頂から雲海のうねりを見た時とか、奥深い山林の中で静寂に包まれた時など、いいようのない感情が湧き上がってくる場合があるのではないだろうか。それもまた、朝日や雲海や静寂と相対したことによって生まれたあなたのかけがえのない「孤独」なのだ。

私の髪の毛をもうかれこれ15年以上も担当してくれている美容師さんがいる。彼女が一人で出雲大社に参詣した際に、不意に涙がこぼれ落ちたそうだ。別に神道に傾倒しているわけでもなく、古事記の熱心な読者でもない。自分でもわからないが、その場の空気というか雰囲気に包まれたら自然と涙があふれたというのだ。それもまた大切な彼女の孤独が生まれた瞬間なのだ。

物語を読んでいる時や映画やドラマを観ている時にもそういう心が生まれる場合がある。

文学理論家のマリー＝ロール・ライアンは「よい物語は、読者にたくさんのありえたかもしれない分岐を想像させる」といった。途中でラストシーンをあれこれ考えてしまうことはよくあるだろう。「こうなったらいいな」もあれば「こうなったら嫌だな」もいろいろとあると思うが、そうした勝手な投影もまた孤独が生まれたことによる。

お気付きかもしれないが、孤独を楽しめる人には、内向的で、一人思案にくれたり、仕事でも趣味でも没頭して時間を忘れるタイプが多い。デザイナーやクリエイター、プログラマーやライター、作曲家などの職業の人はそうである。そうした創造性を必要とする行動には「孤独」が生まれる必要がある。逆にいえば、何ひとつ「孤独」を生み出せない人は何も創造できない。

「望んだ孤独」と「望まない孤独」とがあるのではなく、後者が「絶対的普遍的な害悪」なのでもない。望もうが望むまいが、善だろうが悪だろうが、楽しかろうが苦しかろうが、孤独は何かと相対するたびに生まれてくる大事なものなのである。それは、とりもなおさず、あなたが生きているという証《あかし》なのである。

確かに「孤独が苦しい」と感じる人もいるだろう。それは否定しない。しかし、「苦しいのは、いろいろと勘違いして定義した孤独から脱却できていないからなのではないか」と自分に問いかけてみてほしい。そうすれば「この（生じた）孤独とは何か？」を考えるきっかけにもなる。

「自分の周りに人がいなくて寂しいから孤独なのか？」。そう問いを立てるなら「じゃあ、誰かがそばにいてくれたら孤独じゃないのか？」という新たな問いを立てられる。「誰でもいいって話じゃないなら、一体誰なのか？」と問いはどんどん深められる。やがて「誰かがいてくれたからといってそれは解決になるのか？」という問いだって生まれる。どんどん問うていい。これは、自分と向き合うことで、別の自分との対話をしているようなものだ。そして、自分との対話でも孤独は生まれてくる。

但し、その問いの答えを出すことなんて1ミリの価値もない。答えなんか出す必要もない。そもそも答えなんか存在しない。「問う」という行動そのものに価値がある。

問い続けて何かヒントがほしければ、検索しよう、本を読もう、誰かに聞こう、同じ問題意識を持つ人と語らおう、そんなことをしている間に「そもそもあなたが感じていた（苦しい）孤独」など忘れているのではないか。

繰り返すが「孤独が苦しい」と切羽詰まっている人に救いの手を差し伸べることは否定しない。そういう人にこんな面倒くさい話をするつもりもない。苦しいと訴えている人に対してはその苦しさを聞いてあげる人がいるだけで、その人の中に（私のいう）別の孤独が生まれてくるはずだから。新たな孤独が古い孤独の苦しみをやわらげてくれる。それを孤独に苦しんでいる人にわざわざ「孤独が苦しみをやわらげてくれているんだよ」なんて意地悪なことはいう必要はない。

しかし、心に余裕ができた時には、この孤独の正体というものと向き合ってみてはどうだろうか。そうすることではじめて「孤独を楽しめる」という人の気持ちがわかるかもしれない。その時こそ、孤独を苦しいと感じる人がいるからといって「孤独を大切にしている」人のことを「悪者」扱いするのは違うだろうと悟れるのではないか。

とはいえ、一生わからないという人がいてもいい。ランチの際に必ず誰か部下と一緒じゃなければ気が済まない上司がいたとする。彼がそういう人であることを否定してもしょうがない。時には同伴もしてあげたらいい。その上司が一人でランチする人に対して「一人で飯を食うなんて人間的に欠陥がある」なんて心の中で思う分にも、それは仕方がない。そう思ってしまうのだから。でも、それを言葉にして発したら大問題だろう。それと一緒だ。余計なことをいう必要はないのである。

外向的な人間と内向的な人間の比率はほぼ半々だが、同時に、外向的100%、内向的100%のどちらか一方に偏っている人間もいないという話はした。外向的な面と内向的な面をあわせもって、時と場合と相手によって出し分けるものなのだ。

孤独も同じである。孤独を楽しめるという人でも、ある時ふと「誰かと話したい」という寂しい気持ちになったりするだろうし、いつも誰かと一緒にワイワイ楽しんでいる人でも、ちょっとだけ一人になりたいと思う時もあるはず。どっちか一方しかない人なんていない。

孤独が苦しいと感じる人には、孤独を抜本的に消し去るなんて無茶なことは考えずに、孤独との向き合い方や付き合い方を変えるという視点を持ってほしい。それは、孤独をその瞬間の主観的な感情だけにとらわれて見てしまうのではなく、空間的に引いて客観視する、時間的にも引いて長い人生の中での位置づけとしてとらえてみる。そういう視点の多重化をするということである。

勿論、孤独そのものは目には見えない。目には見えないが、孤独は誰の周りにも存在している空気のようなものなのである。孤独を駆逐したり捨て去ったりするものとしてではなく、上手にお付き合いしていくものととらえるのだ。

孤独とは空気である。我々の周りに必ずあるものなのである。そして、人間は空気のない世界では生きていけない。嫌な臭いもたまにはあるだろう。しかし、大部分の人生の中で空気を意識して生きることはない。この空気が嫌いだからといって、息をずっと止めていたら死んでしまう。その空気が本当に耐え難いほどの苦痛なのであっても、息を止めることが解決策ではない。しかし、往々にして孤独に苦しむ人は息を止めようとしてしまう。その空気を吸ったら死んでしまうと勝手に強迫観念に縛られている。孤独などで人は死なない。むしろ、孤独があるから生きていけるのだ。

第四章

所属から接続へ
居場所から出場所へ

意志で選択などしていない

「人生は選択の連続である」とは、シェイクスピアの名作『ハムレット』の中の名台詞である。

私たちは、日々生きている中で、どこに出かけ、どんな食事をし、誰と会うのかを自分の自由意志によって選択していると思っている。日常のことだけではなく、どんな学校へ行き、どんな仕事につき、どんな相手と結婚するのか、も自分の選択と意志によって決定したと思っている。

しかし、昨今の科学においては「人間には自由意志などないし、意志によって選択などしていない」という説が有力となりつつある。

人の行動のほとんどは無意識化によって制御されていて、意志より先に行動している。行動した後、その行動を正当化するために「これは、自らの自由な意志によって選択したのだ、なぜならば……」とその行動を弁護する後付けの理屈をつけ足す。

うまく理屈付けできない時は、その行動や環境によって生じた感情を整理することができず、モヤモヤとした気持ちになるだろう。理屈付けされないと安心できないからである。そんな時、誰かが「それってこういうことでは？」と理路整然と言語化してくれると、途端に納得して安心するだろう。腑に落ちるという感覚である。

そういった心の隙間を突いてくるのが詐欺師やカルト宗教の洗脳であったりするのだが、ここでは、心理メカニズムの話や「人間には自由意志は存在するか」という高尚な哲学的な話をしたいわけではない。要は、環境が大事だという話なのだが、環境とは自分の外側だけのものとは限らない。

「親ガチャ」という言葉が話題となったが、親の経済環境が、その子の未来を大きく決定付けるのは残念ながら事実である。親の所得の多寡が子の進学を左右し、進学が子の年収に作用し、年収が結婚に大きな影響を及ぼす。ある意味、親が貧乏であれば、子の選択肢の幅が狭められるということでもある。選択肢がある以上、それは子が自分で選択も決断もしているという反論もあるかもしれないが、選択肢が1個しかなければ選択も決断もありはしない。その子の今を決めたのは、その子の意志でも選択でもなく、親という環境によって導かれただけである。

年収以外に親から提供される「子の環境」というものを考えた時に、家庭内の人間関係の環境がある。親子の人間関係もそうだが、両親の関係性というものもある。つまり両親たる夫婦の仲のよさ加減だ。

子は親のことをとにかくよく見ている。たとえば、関係性が険悪になった夫婦が、子どもの前でどんな仮面で取り繕ったとしても、子にはバレている。両親がしょっちゅう夫婦喧嘩するような環境で育った子どもが、「自分も結婚したい」と思うだろうか。

実際、私が調査したところでも、両親の仲がよければよいほど、その子の既婚率は高まるという強い正の相関が見られている。特に、男女とも40－50代の中年層（いわゆる生涯未婚率対象年齢）ほど仲の悪い両親の環境で育った人は有意に未婚のままなのである。50代未婚女性の場合は、平均より1・7倍も未婚率が高かった。

勿論、親の仲が悪くても、離婚したとしても、自分はそうならないようにしようと結婚してしあわせな人生を送っている人もいるかもしれない。これだけで未婚化すべてを説明できるものとは思っていない。両親が仲睦まじい場合でも子が生涯未婚になる可能性もある。しかし、親の影響がまったくない子もまたいないのである。親が貧乏だと物理的影響により結婚ができなくなり、親の仲が険悪な環境下で育つとその子は心理的影響により結婚できなくなるということもあり得ると考えた方がいい。

夫婦の中には、やれ収入面や家事育児の分担などで互いの義務不履行を責めいがみあっている夫婦もいるかもしれない。配偶者を減点方式で評価しがちな人もいるかもしれないが、減点方式は必ず誰でも最後は0点になるのでバッドエンドにしかならない。

ご自分が80歳になった時、家に未婚のままの子がいるような状況を回避したいのなら、夫婦間のいがみあいもほどほどにした方がいいだろう。

とにかく、子どもは親のことをよく見ている。子どもにとって親は環境そのものであり、世界そのものでもある。しかし、だからといって、親が与えた環境だけで子の一生がすべて決定づけられるものではない。環境とは、ある程度の年齢以降になれば、自分で形成していけるものだからである。

遺伝ですべてが決まる？

環境でなんとかなるというと、それを完全に否定するのが行動遺伝学である。慶應義塾大学教授の安藤寿康氏の著書『日本人の9割が知らない遺伝の真実』で有名だが、具体的には、身長や体重は遺伝が9割、知能も学業成績も5－6割は遺伝によるものとある。外向性や開放性、勤勉性などビッグファイブと呼ばれる性格の5つの因子も概ね5割弱程度である。

体格はともかく、他の部分の遺伝の影響が5－6割なら、環境の影響も半分弱くらいあるのではないかと思う人もいるだろう。ならば、教え方や努力である程度変えられるのではないかと考えたくもなるが、安藤氏はそれも否定する。当然学べば学んだだけ、それなりに成績は上がるが、誰もが東大には入れない。誰もが努力や訓練によってオリンピック選手になれるわけではないという。

それはそうだろう。しかし、逆に東大卒の親の子は全員東大に行っているのか？　オリンピック選手の子は全員オリンピックに出ているのか？　それは遺伝というより、東大を受験する環境、スポーツ英才指導を受ける環境の問題だろうと思うわけである。

大体、能力の遺伝というが、親が大企業の社長で下から慶應からあがって卒業したその子が、親のあとを継いで二代目社長になったとてうまく経営ができるかといえば、あまりそんな例は見たことがない。息子がいい大学に入り、社長になれたのは、それこそ、遺伝や本人の努力云々以前に親の環境の恩恵の力が大きい。そもそも遺伝ですべてが決まるなら、なぜ長嶋茂雄や野村克也の息子は野球において親のレベルに遠く及ばなかったのだろう、といいたくもなる。逆にいえば、なぜ長嶋茂雄や野村克也があそこまでのスター選手になり得たのかという逆の視点から見てもいい。それは彼らの親の遺伝子のおかげなんだろうか。彼らの能力が遺伝であったとしても、それを開花させる環境がなければ無意味である。万が一、遺伝による才能も環境ひとつで潰すことができてしまう。つまりは、どれだけ遺伝の影響があったとしても、環境という変数ひとつで変わってしまうのだ。

勿論、遺伝の力を否定するものではない。しかし、現実の世界は研究室の中の無菌状態のシャーレではない。親の経済力など環境で子の将来がある程度決定づけられてしまうのもひとつの現実だが、それだけがすべてではないのだ。

遺伝子工学分野で新しい遺伝学として注目されているものに、「エピジェネティクス」研究がある。「エピジェネティクス」とは、「DNAの塩基配列そのものは変わらなくても、遺伝子の読み取られ方（オン・オフのスイッチ）が変化することによって、遺伝子の発現が制御されるメカニズム」のことだそうである。簡単にいえば、遺伝子情報そのものは親から受け継がれ、変わらないが、その情報のすべてがオンになっているわけではなく、オン・オフのスイッチはその後の様々な環境によって変わるというもので、こちらの説の方が妥当性を感じる。人間、どこで何かの影響でスイッチが入るかどうかはわからないのだ。

繰り返すが、環境とは時間と場所と人である。どんな時代に、どんな場所で、誰と何を行動したのかによって劇的に変わる。

確かに、生まれてくる時期や場所、親は選べない。しかし、いつまでもその場所にいるわけではないし、親といつまでも一緒にいるわけではない。普通に考えれば親は先にいなくなる。時代を変えるというタイムスリップはできないが、タイミングを計ることはできる。場所などいくらでも移動できる。職場であれば、転職すればいいだけだ。能動的でなくても、勝手にそういう環境になっている場合もある。経営者の交代やM&Aや、小さい事でいえば上司が変わっただけでも実は劇的な環境変化になり得る。そして、この人間関係の変化こそが重要な環境になるのである。

時間と場所と人をいい換えると、「時間・空間・人間」という言葉になる。この3つの「間」

が環境そのものであり、その「間」をいかに感じられるか、スイッチとしてとらえられるかが、重要になる。

人とのつながりとは？

「時間・空間・人間」という3つの「間」が環境であるという話をした。どれも重要な環境要素であるが、特に重要なのが「人間」という環境である。

幼い時は、親という「人間環境」が子の性格などを形成する上で大きな影響を与える。兄弟姉妹がいる場合は、それによっても影響がある。小学生になれば、そこに学校の先生や同級生という新たな「人間環境」が加わる。そして、誰しも思春期を迎えれば、今までもっとも人間環境としての配分が大きかった親の比率が下がっていくことだろう。かわりに大きくなるのが、友達になるのか、恋人になるのかはそれぞれだ。

万が一、学校でいじめなどに遭遇して、登校拒否や引きこもりになってしまった場合、この親きょうだい以外の「人間環境」を失ってしまうことになる。だからといって、本当に辛いのに、無理に学校に行く必要はない。「人間環境」は学校に行かなくても補うことができる。それは、本を読んだり、映画を観たり、音楽を聴いたりすることでも補うことができる。但し、単にテレビのバラエティやYouTube動画だけを見るのはおすすめしない。読書にしろ、映画にしろ、音楽にしろ、単に読んだだけ、見ただけ、聞いただけも感心しない。前章でも書いた通り、読んだら何か自分の中に湧き上がる感情（前章ではそれを「孤独」といった）があるはずだ。それをそのまま放置しないで、まず自分の中のその感情を書き留めたりすることが大事になる。映画を観てもそうだ。音楽を聴いた場合は、歌詞から得られた言葉を紡いでもいいし、楽曲のリズムやメロディを最初はそのままコピーするという行動でもいい。そうすれば、本も映画も音楽も大事な「環境」のひとつになり得るのだ。

私もよく「人のつながり」というテーマで講演依頼をいただく。独身研究家なのになぜ「一人で生きる」というテーマではなく、「人とつながる」というテーマの依頼があるのかと不思議に思うだろうか。

実は、「一人で生きる」ことと、「人とつながる」こととは、別物ではないのだ。そもそも「人とつながる」ということも、必ずしも「誰かと一緒に生きる」ということと同義ではない。

友達がいれば、家族がいれば安心だと思っているだろうか。確かに、人生における安心を担保する「人のつながり」というのはある。それは時に、お金以上に価値がある場合もある。

わかりやすい例でいえば、地方のマイルドヤンキーたちなどは今でも地元の友達関係を大事にする。お金がなくても、コンビニ前の駐車場で長々と会話に花を咲かせることができるし、誰かが困っていれば、みんなで集まってなんとかしようとする。そこには、純粋な友情関係が存在するように見える。

しかし、彼らのつながりというのはある意味では彼らの利害関係ともつながっているのである。小学校からの幼馴染でずっと地方で過ごす人間にとって、その地域とそこにいる住民とは、都会で暮らす人たちの隣近所の関係の濃さとは雲泥の差がある。友達だけではなく、その親とも昔から交流があるし、なんなら親同士も長年の知り合いだったりする。その地域から離れないため、人間関係の新規の広がりはないものの、だからこそ深く親密となる。それはメリットでもあるとともに、その親密さは鎖のように互いを縛りつけるものともなる。

困っている友達を見捨てないのは、見捨てるという選択肢がないためでもある。もし、仮にそんなことをしたら、「あいつ、薄情な奴」という噂が瞬時に広まり、いざ自分が困った時に誰も助けてくれないだろう。狭い世界の中でそういう村八分的な立場になると、これはその先、生きていけないほどの深刻さがある。

勿論、「自分が仲間外れにされないために、気が進まないけど友達を助ける」という明確な意志があるわけではない。「助けなければ、後で自分が困るから助ける」という計算が働いているわけでもない。しかし、そこに生き続ける以上、「助けない」という選択肢はそもそも存在しないのである。

レストランでオーダーする時に、たくさんのメニューがあるからこそ、どれにするかあれこれ考えられる。しかし、1種類しかメニューがなければ迷うも選ぶもないのである。地方に住む彼らにとっては「何かあったら助ける」一択しかないのだ。

マイルドヤンキーたちの「人のつながり」というのは安心であると同時に「しがらみ」でもある。そもそも安心とは不自由なものなのである。相手は決して裏切らないだろうという確信がなければ安心は得られない。しかし、絶対に裏切らないという関係性を維持するためには、互いに不自由さを伴う。個々人が自由勝手に行動したら、その絶対の安心は約束できないものになるからだ。

つまり、身も蓋もないいい方をすれば、損得や利害を度外視したように見える助け合いでも、そこには目に見えない「破れない規範」という環境が存在しており、その規範を逸脱することは最終的に自分の損に直結するという仕組みになっている。だからといって、彼らの一人一人が利己的なのではない。「人のつながり」というものは元来、人間が生きていくための必要な行動様式であり、だからこそ人間は協力できるし、社会的な動物たり得るわけである。個々の生存のために動くことそれ自体を「利己的」などと非難されたらたまったものではない。利己と利他、特に利他性の欺瞞については別途説明する。

家族のつながりが生む悲劇もある

要するに、安心を担保する「人のつながり」というものは、同時にしがらみという不自由を伴うものなのである。

家族のつながりも同様である。確かに、家族がいることは安心でもあり、幸福度を高める要素であることは間違いない。いざという時、家族に頼れるから安心だというのもわかる。しかし、「頼れる家族がいるから安心だ」ということだけに縛られるあまり、「頼れるのは家族しかいない」という心理に陥りがちなのも事実である。

マイルドヤンキーの話とは変わって、大都市に住む核家族では、隣近所との付き合いがほとんどない人も多いだろう。マンションなどの集合住宅に住んでいる場合は、なおさら隣の住人が誰だか知らないという場合も多いのではないか。むしろ、最近のタワーマンションでは「隣近所の付き合いのない、完全に家族のプライバシーが守られる」方が人気なのだ。

話はそれるが、都会の近所付き合いの希薄さというのは、国勢調査にもあらわれている。5年に一度実施する国勢調査は、原則全数調査である。全数といっても回答してくれない人や、調査員が自宅を訪問してもいつも留守でつかまらない場合もある。そうした時、調査員は隣近所に聞き取り調査をするのである。性別や年齢、配偶関係など「昔ながらの近所付き合い」なら大体わかるからだ。昭和の時代はそれで全数把握できていた。しかし、

2015年から、調査結果に「年齢・配偶関係不詳」というのが劇的に増えたそうだ。それは、聞き取り調査をしても、隣人が男なのか女なのか、何歳なのか、既婚なのか未婚なのか、さっぱりわからないという事例が多くなったからである。それくらい、大都市の近所付き合いというのは希薄化している。

地域だけではない。職場の人間関係も希薄になった。かつての昭和時代は、職場は疑似的な家族のようなものだったが、今はその面影はなくなりつつある。唯一の親密な関係性として残されたのは家族だけになった。

勿論、家族仲がよいのは喜ばしいことである。そして、家族は家族の誰かが困っていたら助けようとするだろう。それは、マイルドヤンキーが友達を助けるのとはまたレベルの違う次元で、他者の目や損得など考えず対応するものだろう。

しかし、「家族なんだから助け合うのが当たり前」というのもひとつの呪縛なのだ。助ける余力のある人はいいが、余力もないのに「助けなきゃいけない」という言葉に縛られて無理をすれば、それはいずれ破綻する。自分だけではなく、助けたかった家族そのものを破壊してしまうことにもなる。

知らない人も多いのだが、日本における殺人事件の約半分は親族殺人である。しかも、1997年時点39％だったその構成比は、2010年に52％となって以降、ほぼ平均的に50％前後で推移している。日本は世界的に見ても、殺人事件の少ない国であるが、数少ない発生件数の半分が親族間での殺人なのである。しかも、親族間の殺人において一番多いのは、配偶者殺しで32％、続いて親殺しで30％、子殺しが23％となっている（2020年警察庁の統計より）。

また、近年増加傾向にもあり、今後も増えると予想されるのが介護殺人である。8050問題ともいわれるが、80歳代の親の介護を50歳代の子が背負わなければならない事態や、老老介護といわれる高齢者夫婦のどちらかが介護対象になった場合など、慣れない介護に疲れ果て、介護対象者を殺害してしまう、または、介護対象者から「楽にしてほしい」と乞われて殺害してしまうパターンもある。相手を殺害した後、自分も自殺する心中事例も多い。

子であるならば親の介護をするのは当然だ、夫婦ならば相手の最期まで看取ってあげるべきだ、それもできずに「疲れたから殺した」というのは無責任だ、などと非難するのは簡単だが、当事者にしてみれば、これも「選択肢のない袋小路」に追い込まれたあげくのやむを得ない行動だったのかもしれない。

皮肉にも「家族を大切に思う気持ち」が強いがゆえに、「家族のことは家族がなんとかしなければならない」と自分自身を追い込み、誰かに助けを求めることも逃げることも休むことも許されない。でももうどうにもならない。そのあげくが、一番大切だったはずの家族を手にかけることになるのだとしたらなんと悲しい結末だろうか。

これは決して対岸の火事ではないのだ。

今後、超高齢社会が進めば、この家族の介護の問題はマジョリティの問題としてますます深刻化するだろう。近所の助け合いがまだ残っている地方はともかく、都市部においては猶更である。少なくとも「家族なんだから自分たちでなんとかしなければ」という考えから、個人も行政も脱却する必要がある。

個人においては、どうにもならない時は「家族を手放す」覚悟が必要になるだろう。見捨てるのではなく、手放す。

育児をずっと一人でやったお母さんならわかると思うが、どんなに可愛いと思うわが子でも、泣き止まなかったり、ぐずったりする時間が長かったり、日常生活で疲れていたりすると、イライラしてしまうもの。そんな時、子どもを、ほんの数時間でも手放す時間があると（信頼できる誰かに預けられるとか）気が楽になる。実際に預けなくても、いざとなったら頼める誰かがいるというだけで安心できる。反対に、それがないと追い詰められてしまう。夫婦の間でなんとかしようとするから、夫婦の諍《いさか》いになってしまう。そうした些細なストレスの積み重ねが、やがて夫婦間の暴力や殺人に発展しないとは断言できない。

だからこそ、行政においては、それを受け止められる仕組みが必要になる。あわせて民間のサービスも早急に整備されるべきだろう。こういうと、実際に行政に関わる人からは「すでにあります」という声もあがるのだが、制度や仕組みがあることと、それを実際に住民が活用できることとは別である。悲劇が起きた時に「一声、相談してくれれば助けられたのに……」というけれど、身体的にも精神的にもボロボロになってしまった当事者にしてみれば、「そんなものがあるなんて知らなかった」「何をどう助けてくれるのかわからない」という状態かもしれない。

２０２０年7月、京都市左京区に住む無職の54歳の母親が、重い障害がある長男（当時17歳）をマンションの自宅で絞殺し、自らも自殺を図ったという痛ましい事件が起きた。

共同通信配信の記事によると、母親は離婚し、シングルマザーとして生活保護を受けながら息子を育てていたが、息子の知的障害は重く、排便や入浴にも介助が必要なほどだったという。加えて、同時に認知症を患う自身の母親の介護まで一人で請け負っていた。事件までそんな生活を15年も続けていた。

しかし、彼女も周囲の人に助けを求めなかったわけではない。事件直前の7月2日、支援学校（高等部）を卒業予定だった長男の就職先を探す中で、障害者支援施設を見学している。しかし、「受け入れは困難」として断られた。事件当日の16日午前にも別の施設を見学したが、送迎サービスがないという理由で断念せざるを得なかったという。事件1日前にも支援学校の担任と面談しているし、事件の2日前にはかかりつけの医院に死にたい気持ちを訴えていた。周囲に頼ろうと懸命に行動しているのに、誰もそれに手を差し伸べてくれなかったというのが本人の正直な気持ちではないか。

犯行直前、彼女がノートに遺書として残した言葉がある。

「何かもう疲れてしまいました。将来のことを考えてやっていく自信がない。誰に託したらいいのか答えが出ず、連れて行きます。ごめんなさい。だめなお母さんでごめんなさい。だめな娘でごめんなさい」

彼女自身も息子を殺したくはなかっただろう。ギリギリまで一生懸命息子とともに生きようとした。周囲に助けを求めているのに結局誰も振り向いてくれなかった。「こうすればなんとかなる」という提案もなく、ただ断られるだけだった。彼女が求めていたのは、物理的な支援もさることながら、15年間の彼女の頑張りを認めた上で、「辛かったね。でももうそんなに頑張らなくていいよ」という一言をいってくれる誰かと、ほんの少し家族を手放す休息の時間だったのではないかと思えてならない。

家族が家族しか頼れない社会はむしろ地獄なのだ。

一緒に暮らす家族を大事に思うことは勿論素晴らしいことだが、「家族だけしか信じられない」「家族以外は頼れない」という考えにとらわれすぎてもいけない。家事も育児も「家族なんだからやって当然」と固執すると、夫婦が互いに相手の義務不履行をなじりあうという状況を生む。親の介護についても「家族が親の面倒を見て当然」という意識は、離職してまで介護を優先するという方向に向かわせてしまう。その結果、本人の経済的破綻による悲劇的な親子共倒れを招く。

かつて安心な囲いだったはずの家族のカタチが、今や家族のみんなを縛り付ける鎖になっている。「家族を頼る」ことと「頼れるのは家族しかいない」というのはまったく違う。場所としての家が家族なのではなく、血のつながりが家族なのでもなく、いつも一緒に同じメンバーで同じ場所にいることだけに依存するのではなく、必要に応じて、集まったり助け合ったりする関係性、何かをするために考え方や価値観を同じくする者同士が巡り合えるネットワークも家族のカタチなのだという視点も必要ではないか。

血がつながっていなくても、同じ屋根の下に住んでいなくても、いつも一緒にいなくてもいい。必要に応じて、場面に応じてつながり、自分のできる範囲で、助け合える。そんな「接続する家族」という新たなコミュニティの視点が、今後は必要ではないかと思う。

今まで安心だったコミュニティの崩壊

ここで、コミュニティというものについて考えてみよう。

日本に限らず、多くの国で人々の生活基盤としての「所属するコミュニティ」が崩壊または縮小していることは明らかである。大きな分類でいえば、「地域」「職場」「家族」という3つのコミュニティがある。

地域とは、かつてムラ社会と呼ばれたように、ひとつのムラに住む者同士が互いに親密に、いわばひとつの家族のように助け合って生きてきた社会があった。しかし、今でも一部の地方で名残りがあるものの、都市への人口流出や高齢過疎化によって、ムラ自体の多くが消滅に向かっている。かといって、都市において地域のコミュニティが存続しているかといえば、これも一部を除いて縮小している。縮小というよりも、人口の流入によってそもそもの濃度が薄まったというのが適切な表現かもしれない。かつてはあった町内会や回覧板なども廃れ、特に、大都市のマンション生活者に至っては、隣の住人の顔すら知らないという場合も多いだろう。

地域に代わって、コミュニティの中心的役割を果たしたのが、職場である。特に、戦後の復興期において、都市周辺部に群立した工業地帯に雇用者が集中する現象が起きた。地方からの若者の集団就職も多かった。そのため、職場は「働く場所」であるだけではなく、「地域に代わる居場所」の機能を用意する必要があった。独身者のためには寮が完備され、既婚者や家族のためには全棟借り上げの社宅まで用意された。そもそも結婚相手も同じ職場内で見つける例も多く、働き場も私的生活の場も人間関係も一緒で、個々人の故郷は違えど、疑似的なムラ社会だった。同時に、会社は社員を家族同然の終身雇用で厚遇し、社員はそれに報いるために滅私奉公するという、「家族」的なコミュニティの意味合いも含まれていた。社員同士の運動会があり、社員旅行があり、中元や歳暮のやりとりがあり、子どもたち同士も一緒に遊ぶ友人であり、まるでムラ社会のトレースをしているかのようだった。しかし、それも平成～令和へと変遷する中で、地域コミュニティ同様、一部の中小企業を除けば、ほぼ消滅しかかっている。むしろ「社員のプライベートに立ち入ってはいけない」という形になっている。

これはコミュニティの変遷において、大きな意味を持つものである。今まで地域や戦後の職場のコミュニティというものは、基本的に働く場と私的な生活の場が一致していたものが、これらふたつのコミュニティの崩壊によって、人々の「働く場」というコミュニティと「生活する場」というコミュニティが分離されたのである。今でこそ「ワーク・ライフ・バランス」などというが、そもそもはワークもライフも一緒だった。

「働く場」としての職場コミュニティが別立てとなったことで、新たに核家族としての「家族」が「生活の場」たるコミュニティとして確立していくことになる。昭和の時代も、一戸建てを建てた既婚者は、一国一城の主として「サザエさん型」大家族コミュニティを形成した例もある。しかし、大家族がどんどん核家族化していき、1970年代は「夫婦と子二人」世帯が標準世帯として大きな構成比を占めた。そうした中で、家族は完全に「家族だけの生活の場」となっていった。最小単位のコミュニティである。

しかし、その最小単位の家族コミュニティですら、今ではさらに細分化した。かつて昭和の時代は、ひとつのテレビで家族全員が同じスクリーンを観ていたが、今では個人がスマホというスクリーンを所有し、個人の部屋で個人がバラバラのスクリーンを観ている。同じ家に同居していたとしても、行動は必ずしも共同ではなくなっている。食事を共にしない、とか、家族旅行に行かなくなる息子や娘が出てきたりと、職場のコミュニティ機能が崩壊したのと同じ道を辿っている。

つまり、代表的な3つのコミュニティすべてが、現在では崩壊しつつあるといえるのだ。これは別のいい方をすれば、「今まで提供されてきた安心な居場所の崩壊」なのである。

これらの「所属するコミュニティ」に共通するのは、「囲われた中の安心」である。その囲いの中に自分の身を置き、居場所を得ることこそが安心だった。

しかし、一方で、それは、「囲われた中だけは安心だ」という信念が強すぎるがゆえに、唯一の居場所に固執し、依存するという弊害も生む。そして、その場所は「決して崩壊しないし、崩壊させてはいけないのだ」と思い込んでしまう。なぜなら「崩壊したら安心でなくなる」という恐怖が刷り込まれているからだ。それが、前節で書いた「家族が家族しか頼れなくなることでの共倒れ」という悲劇を生む原因でもある。

同時に、そこに所属することでの安心と引き換えに、所属員としての掟やしきたりに従うという制限を受け入れることになる。基本的に、個人の自由にふるまうことは許されず、そのルールを守らない者は排除される憂き目にあう。地域での村八分、学校や職場でのいじめなどはそれに当たるケースもあるだろう。本来、そんな理不尽な仕打ちにあうくらいなら、そこから逃げ出せばいいのだが、その「所属するコミュニティ」こそが唯一安心できる居場所だと思い込んでしまうと、もはやそこだけが世界のすべてとなってしまい、逃げるという選択肢があることすら思い浮かばなくなる。

この「所属するコミュニティ」は、地域であれ、職場であれ、家族であれ、物理的または概念的な囲いによってウチとソトが明確に区分けされている。だからこそ、ウチ側の人間との信頼関係を強固にし、互いに助け合うという構造になれたのだ。しかし、ウチの安心という明るい光は、ソトへの敵視という暗い闇を生み出す。それが、対立と分断である。「所属するコミュニティ」とは、自由と引き換えに安心を手に入れるものであり、対立と引き換えに身内の結束を強固にするものなのである。

とはいえ、かつてほどの強固な結びつきこそ失われたが、この「所属するコミュニティ」に所属している間はメンバーの安心の拠り所として存在し続けている。それは決して悪いことではない。所属や帰属という欲求は誰しも持っているものだからだ。

但し、肝に銘じておかなければいけないのは、それらの「所属するコミュニティ」は決して永続的なものではないということである。退職すれば職場の所属からは離脱しなければならない。家族であっても離婚や死別はあり得る。子どもとて、いつまでも親元にいるわけではない。

自分の周りに囲いがあったことで安心していた「所属するコミュニティ」だけに依存していると、突然その囲いが消滅して、何物にも所属しない自分という現実を突きつけられる。その時、自分自身そのものを喪失してしまいかねない。失業及び離婚した男性の自殺率が高いのはまさにそれが原因といえなくもないだろう。

そこで、「所属するコミュニティ」だけに依存することなく、もうひとつのコミュニティの視点として「接続するコミュニティ」を用意することが重要になってくる。

接続するコミュニティとは？

「居場所がない」と嘆く人がいる。

学校や家庭の中に居場所のない若者もいるかもしれないが、職場や地域の中に居場所を見出せない高齢者もいるだろう。場合によっては、家の中に居場所のないお父さんもいるかもしれない。しかし、そうした人にとって本当の解決策とは、居場所があればいいということなのだろうか。

社会学者ジグムント・バウマンは、かつての安定した社会をソリッド社会と呼び、現代社会をリキッド社会と表現した。地域や職場や家族という強く固いコミュニティの中に、ひとつの構成要素として組み込まれ、互いに結びついて、結晶体のような強さによって安心を得ていたのがソリッド社会である。しかし、結晶だったものが、何かの作用で液体化してしまうことはある。コミュニティにおいては、内側を守ってくれていた強固な外壁や城壁が失われると、個人は結晶から液体へと変わる。それがリキッド社会である。

ソリッド社会では、確かに不自由な面はあった。行動も一定の枠内という制限がある。しかし、そのかわり、進むべき安全な道が提示されていて、社会が守ってくれていた。リキッド社会では正反対に、人々は自分の裁量で動き回れる自由を得た反面、常にその選択に対して自己責任を負うことになる。それは、個人による競争社会を招き、それに伴う格差社会を生みやすくする。

これがもうすでに到来している「個人化する社会」の姿である。昨今の非婚化や離婚の増加は、まさにそういう「選択の自由を個人が得た」結果だといえるが、これは決して独身だけに関わる話ではない。好むと好まざるとにかかわらず、結婚しても家族がいても誰もがいつかは一人に戻る可能性があるわけなのだから。

それでも、液体化した個人同士をつなげて、また新たな結晶体としての別の「所属するコミュニティ」を作っていくという考え方はある。それは否定しない。しかし、以前のように、生まれた地域や就職した職場がお膳立てしてくれた囲いというものはなくなり、囲いを作るのであれば、自らが能動的に行動しないと生まれないようになっている。誰かが作ってくれた囲いの中に入るという方法もあるが、それとてそれを探すという行動は必要になる。要するに、何も考えずに、受け身のままでも用意される「所属するコミュニティ」というものはなくなりつつあるのだ。

そこで重要になってくるのが、「接続するコミュニティ」という視点である。「コミュニティに接続ってどういうこと？」と思われる方もいるかもしれない。コミュニティとは、

図16　これまでの個人の拠り所だった安心な「所属するコミュニティ」の囲いがなくなる時がくる

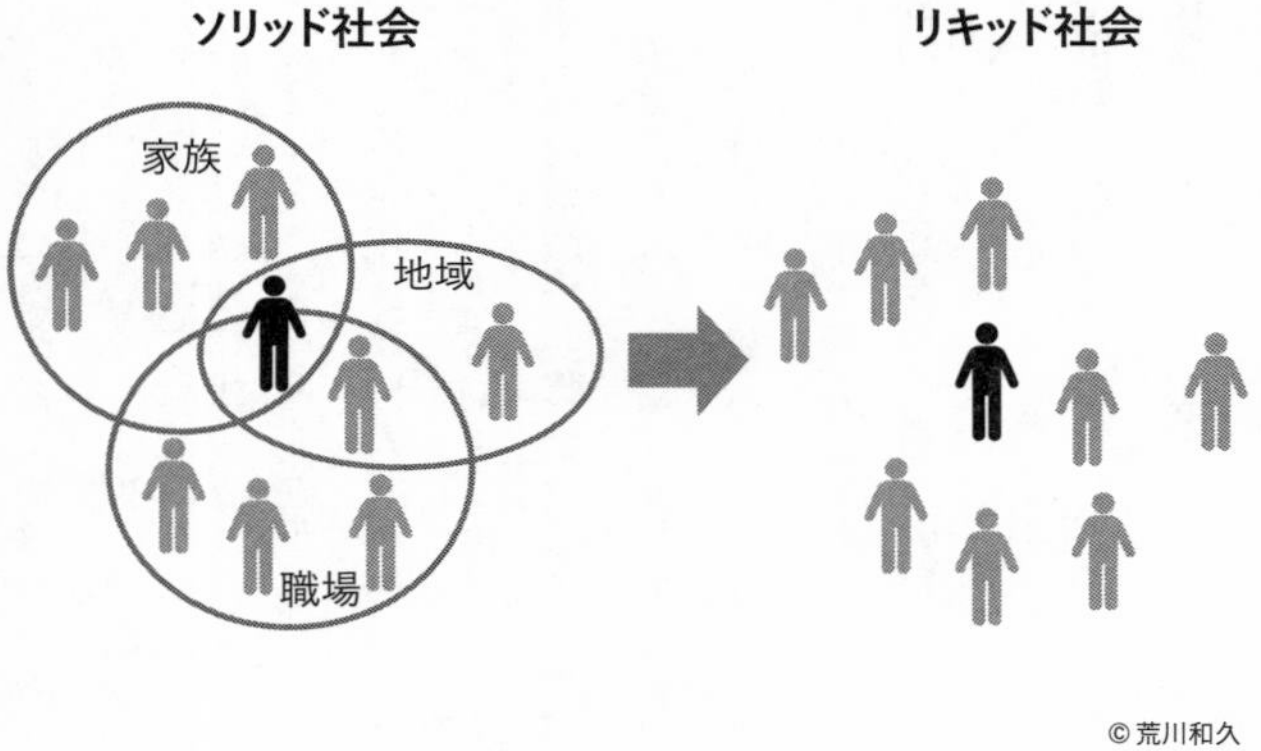

所属するものであって、その帰属意識が人々に安心を提供するものだと考えられているからだ。しかし、本当に所属をしなければ、人とのつながりは生まれないのだろうか。

実際にはそんなことはない。所属の有無に関係なく、私たちは接続することでのコミュニティを作れるはずなのだ。

たとえば、趣味のコミュニティなら、趣味を行うときだけそのメンバーと接続している。趣味以外の時に相手がどんな仕事をしているとか、どんな生活をしているとかは気にしないだろう。かといって、趣味の集まりの時は、協力したり、共に喜びを分かち合ったりしているはずだ。

かつての職場のコミュニティは、仕事仲間は家族同然で、相手がどんな生活をしていて、どんな価値観なのかを知り尽くしていたかもしれない。しかし、今では、仕事上でうまく協力しあえれば、相手のプライベートな部分を深く知る必要もない。深く知らなくても仕事上は回るからだ。上司もかつての徒弟制度のような師匠ではない。仕事上でうまく関係性が構築できれば、別に仕事帰りに必ずしも一緒に飲みに行ったり、休日にゴルフに行く必要はない。勿論、仕事もプライベートも仲良くしたいのならそれはそれで構わないが、「飲みに行かないから」「ゴルフを断るから」などという理由で部下の評価を下げたり、パワハラをする上司がいれば大問題になる。

このように、意識せずに、私たちはもうすでに「接続するコミュニティ」というものの中で生きている。確固たる「所属するコミュニティ」だけの中にのみ自分がいるのではなく、時と場合に応じて、柔軟に接続するコミュニティを組み替えていっているはずなのだ。

つまり、これからのコミュニティとは、場所や囲いではなく、ニューロンネットワークにおけるシナプスのような位置づけとなる。人と接続するための手段としての役割が求められてくる。

そうすると、ひとつのコミュニティが仮になくなっても、自分自身を見失うことはなくなる。むしろ時間が経つにつれて、「接続するコミュニティ」がすべて入れ替わることもあるだろう。唯一の所属に依存しない分、一人一人に個人としての役割の拡張も生まれる。なぜなら、役割は、「接続するコミュニティ」の数に応じて多重化するからである。

たとえば、現役世代のおじさんが、会社では「○○商事の部長」という役割を果たしていながら、家にあっては「妻と二人の子の父親」という役割を果たしているとすれば、それもそれぞれの「所属するコミュニティ」の中で役割の多重化を実現しているといえる。しかし、何度もいうように、それらの「所属するコミュニティ」は永続的ではない。会社はいつか退職することになるし、部長という肩書もなくなる。家族もまた子が自立独立してしまえば、親として役割を失う（かわりに孫ができればおじいちゃんという役割は付与されるかもしれないが）。

想像してほしい。定年退職して高齢の夫婦のみの家族になった時、もはや会社の部長でもないし、親でもない。唯一残るのは妻の夫という役割だけだ。しかし、そこで今更ながらハタと気付くのだ。夫の役割とはなんだ？　と。正直、働いて金を稼ぐ以外に夫としての役割を見出せない人が多いのではないか。退職して金も稼いでいないとすると、もはや夫の役割でさえ喪失する。

役割を喪失した人間は何もすることがなくなり、だらだらと終日テレビを観て過ごすことになる。今までやることもなかった家事や料理をするようになり、そこに新たな役割を発見できるならまだマシで、何十年もやってこなかったことをいきなりできるほど甘いものではない。むしろ、妻からすれば手を出されれば出されるほど二度手間になり迷惑だろう。かくして、仕事を辞めて夫婦だけになった高齢男性は、急激に自己の役割を失うとともに、唯一の「所属するコミュニティ」のメンバーである妻からも邪魔者扱いされてしまうことになる。居場所の喪失とは自己の役割の喪失なのだ。

囲いに覆われた建築物としての「家」は確かに残っているが、そこにはもう自分の居場所がないことに気付かされる。「所属するコミュニティ」だけに唯一依存してしまう末路はそういうものとなるだろう。

そもそも、身体はひとつしかないわけで、「所属」を前提とすると、物理的にそれを増やすことは困難でもある。その点、「接続するコミュニティ」では所属を必須としないし、単発での関わりでもいい。継続性すらなくてもいい。そのかわり、たくさんの接点を持つことが求められる。

「所属するコミュニティ」が「居場所」としての安心だとするならば、「接続するコミュニティ」は「出場所」としての刺激である。

居場所があることの安心は否定しない。しかし、居場所だけがあれば人間は生きていけるのかといえばそうではない。毎日、部屋に閉じこもってテレビやゲームだけしていればいいと思う人もいるかもしれないが、最初のうちは快適でも、それが長く続けばどうだろう。それは、テレビやゲームの完備された刑務所と同じではないだろうか。居場所とともに自分の役割が感じられなければ人間は腐るのだ。

その点、「出場所」があると、まず人間はその場所まで出ていくという行動が必要になる。出場所に行って明確な目的があればなおよいが、なかったとしてもそこに行くという行動を先にすることで、人間はちょっとだけ前向きになっているものなのである。

「やる気がないから行動しないのではない。行動しないからやる気が出ない」といわれるのはまさにその通りで、人間は意志の力で動いているのではない。動くから意志が後付けされるのだ。

「居場所」に対するわかりやすい表現として「出場所」としているが、これは場所には限らない。散歩という行動もひとつの「出場所」になるし、本を読むという行動もそうだ。その際、できれば、自宅で本を読むより、ファミレスでもカフェでも公園でもいいので、どこかいつもの居場所と違う場所に「出かける」ことで、より一層「出場所」感が増すと思う。同様に、映画館で映画を観ることも、コンサートやライブ、寄席などに行くことも「出場所」になる。特定の継続性のあるソリッドな居場所じゃなければ安心できないという固定観念を取っ払うと、行動そのものが「出場所」となり得るのだ。

但し、その場合に留意してほしいことがある。

読書や映画鑑賞というインプットだけで終わらせてほしくないのだ。本を読んだり、映画を観れば、何かしらの感想や感情などを含んだ思考が頭に浮かんでくるはずだ。それは「新しい自分の芽」なのである。そのまま放置しないで、書いたり、誰かに話したりする

図17

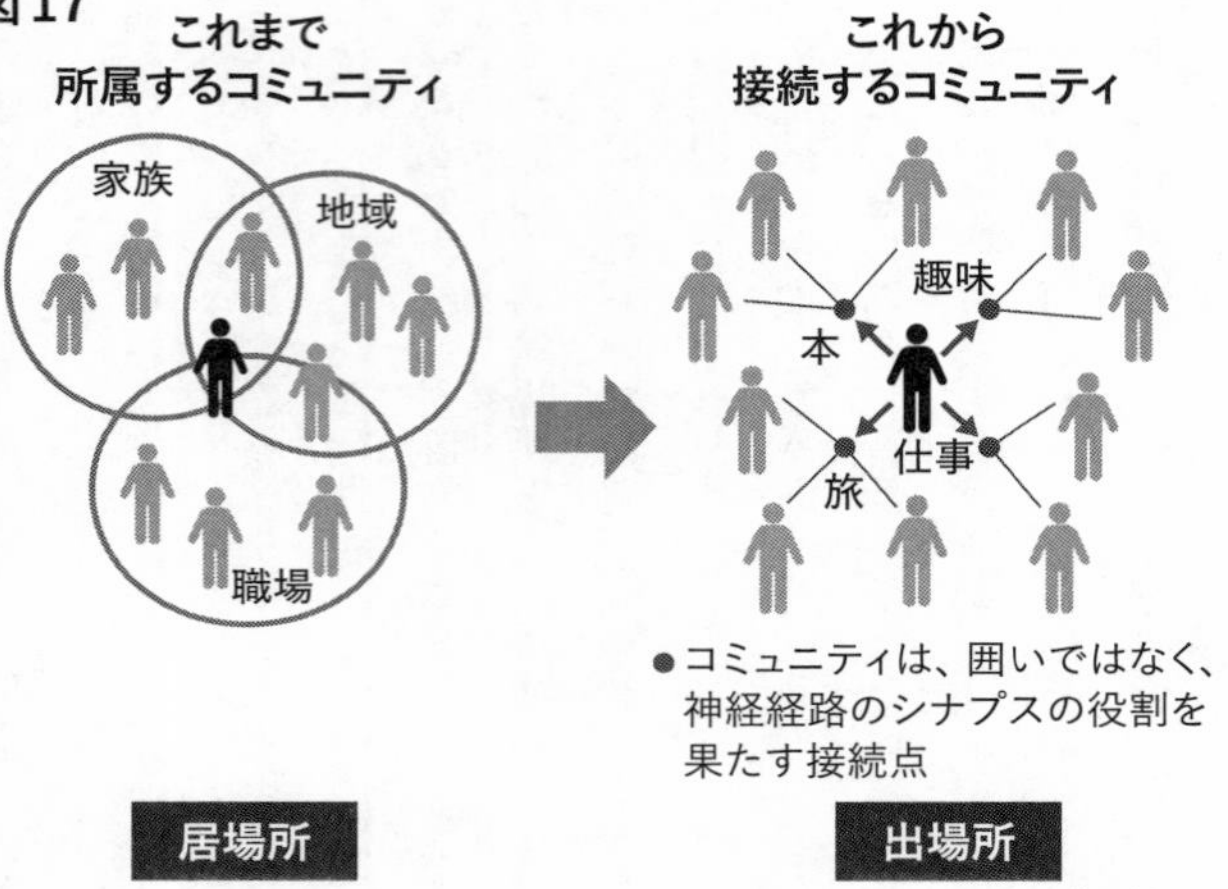

© 荒川和久

などアウトプットしてほしい。せっかく生まれた「新しい自分」にも出場所を与えてほしいのである。

「人と会う、人と話す」という行動もそれ自体が「出場所」になる。「そんな友達などいない」と悲観する必要はない。必ずしも気心のしれた友達である必要はないのだ。勿論、仲のいい友達でもいいのだが、それより、むしろまったく知らない赤の他人との刹那のつながりが結果として自分に刺激をもたらす場合も多い。知らない相手だからこそ気軽に話ができる場合もある。

米国の社会学者マーク・グラノヴェッターは「弱い紐帯の強さ」を提唱している。常に一緒にいる強い絆の間柄より、いつものメンバーとは違う弱いつながりの人たちの方が、有益で新規性の高い情報や刺激を得られやすいというものである。「弱い紐帯」とは「接続するコミュニティ」そのものである。

ネット上を検索すれば、毎日どこかで何かしらの講演会やトークイベントが実施されている。興味のないテーマをわざわざ聞きに行く必要はないが、そういったところに話を聞きに出向くのでもいい。可能なら、イベント終了後に登壇者に質問という形式で話しかける。登壇者とが無理なら、主催側のスタッフに一言感想を述べるだけでもいい。そういう行動のひとつひとつがすべて「接続するコミュニティ」になる。自治体や図書館などでは定期的にそういうイベントが用意されている。話しかけることが難しいと思うなら、最初は、聞きに行くだけでもいい。

読書が好きなら、今は各地で読書会イベントが開催されているので、そうしたイベントに出向き、同じ本を読んだ者同士で意見を交わしてみてもいい。まったくの見ず知らずの間柄であっても、同じ本を読んでいるからこそ通じる思いというものがあるはずだ。互いに知らない仲だからこそ純粋にいいたいことがいえるかもしれない。

また、他にも、今は、一人でも参加できる（逆に、一人ずつしか参加できない）食事会を提供しているサービスもある。見知らぬ者同士夕食を共にすることができるマッチングサービスである。「常連客ばかりのところに行ったらどうしよう」などと心配する必要はないのだ、全員が「はじめまして」なのだから。

友達がいなくても、趣味などなくても、誰かと接続する機会は案外たくさんある。

一人旅をしてみることもおすすめしている。知らない土地に行って、自分自身をあえて異邦人にしてみるのだ。スマホのナビゲーションなどに頼らず、次々と道を尋ねていけばいい。特に観光地で店を出している人にとって道を聞かれることなど当たり前で、気軽に声をかけていい。慣れてきたら、道行く旅人に聞いてみることに挑戦していってほしい。「知らない人に声をかけるなんてできない」と思うだろうか。意外に、旅先だと簡単にできるものである。「旅の恥はかき捨て」といわれるように、旅先では誰もあなたのことなど知らないのだ。そう思えただけで随分心のハードルは下げられる。そもそも「一人旅なんてやったことない」というおじさんでも、よくよく考えれば会社の出張で一人で旅をしているのではないだろうか。仕事でできることならプライベートでも簡単にできる。

道を尋ねるという話で思い出したのだが、あなたは普段の生活で誰かから道を尋ねられたことがあるだろうか？　これは実は、「道をよく聞かれる人」と「ほとんどそんな経験のない人」の二通りに分かれるのだ。前者は、自分自身が旅行者で知らない土地であっても聞かれる。英語もしゃべれないのに外国人にも聞かれるという人が多い。前者の人には、もう「接続点」としてのオーラが出ているからだと考える。よく考えれば、自分が道を尋ねる時でさえ人は選ぶはずだ。その選び方は「この人は道を知ってそうだ」ではなく「聞きやすそうだ」のはずなのである。つまり、自分が道を聞かれる人になっているということは、他人から見て「聞きやすい」と思われていることを示す。その時点で、もうあなたは誰かにとっての「接続するコミュニティ」そのものになっている。

「そんな……知らない場所で道を聞かれても答えられないから困るし、せっかく聞かれたのにがっかりされて嫌な思いをさせたら申し訳ない」などとネガティブに考える必要はない。そんな時は、「私もわからないので……あの人に聞きましょう」と別の人にあなたが聞いてあげればいいのだ。正しい道を教えることより、「話しかけやすい」と思って声をかけてくれた人の心情に応えることの方がより大切なのである。

さらに、旅先では地元の食事処や飲み屋などを訪れてほしい。ホテルや旅館に聞けば、目的に応じた店を教えてくれるだろう。おすすめの料理や酒を聞きながら、店主や他のお客と会話を始めることも可能だし、そもそも旅行者なのだから「どこを見に行けばいいですかね？」という質問ひとつで誰にでも話しかけられる。何もそこで意気投合する相手を見つける必要もない。一言二言会話をするだけで、もうそこはあなたの「出場所」となったし、「接続するコミュニティ」となったのだ。

どうだろう。「接続するコミュニティ」とはどういうものか、少しはおわかりいただけただろうか。

「所属するコミュニティ」の中では、周りは見知った顔だし、自分のこともみんながわかってくれているという関係性だったと思う。それがひとつの安心だったわけだが、「接続するコミュニティ」では、周りは誰も知らないし、誰も自分のことは知らないという「無の関係性」の状態から始まる。そうした「無」の状態で人と対峙し、話を聞いたり対話をする。それが結果として、自分の中の自分を勝手に活性化してくれるものになる。

実は、接続点ひとつひとつに新しい自分の役割が生まれている。たとえば、「道を聞く旅人」も小さいけれどひとつの役割である。同時に、相手にも「道を聞かれた人」としての役割も与えている。接続点での交流の仕方ひとつで、役割は幾重にも増殖される。そうした小さいけれど数多くの役割の多重化こそが自己の内面の充実化に結びつくのである。

どこかのコミュニティに所属することで、安心な居場所を求めることだけに固執するのではなく、接続点を多く持ち、自分自身の「出場所」を作っていく。その「出場所」において、誰かと出会ったり、何かと触れ合うことが、結果的に自分自身の内面に安心な別のコミュニティを次々と築いていくことにつながる。行動した分だけ地層のようにそれは自分の内面に積み重なっていく。私はこれをインサイドコミュニティと呼んでいるが、それが構築できるということは、自分の中に新しい自分を生み出したという証であり、それこそが精神的自立そのものなのである。

次章では、「自分の中に新しい自分を生み出す」とはどういうことか、について説明しよう。

第五章

「新しい自分」を生む旅へ

自分の中の多様性とは？

アイデンティティという言葉がある。自分が自分であること、さらにはそうした自分が、他者や社会から認められているという感覚のことを意味し、日本語では「自我同一性」や「存在証明」と訳されている。意識高い系の自己啓発セミナーなどで「これからのグローバル社会を生き抜くには確固たるアイデンティティを構築する必要がある」などといわれたりするが、そんなものはまったく必要ない。それどころか、確固たるアイデンティティなどむしろ害悪でしかない、と私は思う。

確固たるアイデンティティとは、いい換えれば「ブレない自分」ということにもなると思うが、何事にもブレないということは適応力がないということでもある。大地に根を下ろした巨大な大木があったとする。文字通り何物にもブレることなく、確固としてそこに君臨している。しかし、そんな強固な大木も大きな台風などが来れば、その自分の巨大さと堅さゆえに倒れてしまう。風という環境に適応できないからだ。一方で、なよなよとした柳の木は台風がきても激しく揺れ動くことで倒れることはない。大きさや堅さなどに勝手に固執し、風と真っ向から喧嘩して倒される大木と、弱々しく見えても風という困難をうまくいなして生き残る柳の木と、どっちが真の強者だろうか。

大体「ブレない人間」なんて面倒くさいだけだ。何を話しても聞く耳持たない頑固なじいさんがいたとしたら、多分多くは「老害」と思うだろう。それと同じで、そういう人ほど孤立する。

「自分らしく生きる」という言葉もある。そもそも、「自分らしさ」ってなんだ？　自分とはこういう者であると本当に理解している人なんて存在するのか？

「いや、私は自分のことを理解している」という人もいるだろう。が、そういうことをいう人間に限って、周りから自分について何かをいわれた時に「違う！　お前は俺の事を何もわかっていない」と怒り出すのだ。それこそが、本人自身が自分の事を何も理解していないと表明しているようなものだ。

自分が思う自分というものは、決して自分ではない。禅問答のようでわかりにくいかもしれないが、自分で自分をこういう人間であると思っていることは、あくまで主観的なものにすぎないのであり、客観的に自分を見た姿ではない。一方、他人がその人を見た場合には、外側に表出する表情、態度、言動、行動でしか判断ができないのだから、客観的ではあってもその人の主観までは判断できない。つまり、自分が思う自分と、他人が思う自分というものは決して同じになるはずがないのである。

俳優やモデルの人たちは、常に自分の姿をカメラがとらえた姿として認識している。同様に、歌手や声優も自分の声を客観的に収録した音声として認識している。しかし、一般人は、自分の顔の写真や録音した声を聞けば「これは自分じゃない」と思う人が多いだろう。「自分じゃない」と思うのは自分だけであって、他人から見れば「お前の顔だし、お前の声だよ」でしかないのである。

前述した「俺は俺の事がわかっている」などと豪語する人間に限って、写真も録音も嫌う。なぜなら、そこには自分が認めたくない自分の嫌いな部分があるからだ。しかし、本人が短所だと思っていることでも、他人から見ればそれが長所である場合もあるし、逆もある。

つまりは、本人が理解している自分なんて所詮「あなたという個人が主観で、見たいものしか見ないようにして作り上げた虚像」にすぎないのであって、そんなものを「自分らしさでございます」なんて堂々といい放つ時点で、「まったく自分のことがわかっていない」のである。むしろ、そんな虚像に取りつかれて、周りにその虚像を押し付けたりする人間の方が社会性が欠落している。

つまり、「確固たるアイデンティティ」とか「自分らしさ」など無用なのである。必要なのは、自分というものは決して唯一無二の存在などではなく、たくさんの自分の集合体なのであるという理解をすることである。

十人十色という言葉がある。人はそれぞれ違うよね、という意味合いで使われるが、人間は決して一人一色ではない。一人の中に多くの色を内包しているのである。

たとえば、あなたが無垢の真っ白の状態だったとしよう。そこに、赤い色を持った人と接続した。そうすると、あなたの中に赤の成分が注入される。黄色の人と接続すれば同様に黄色が注入される。しかし、白に赤が注入されたからといって、白と赤が混じり合ってピンクになるわけではない。絵具ではないのだ。あくまで、あなたの白の構造の中に赤の要素が付加されるのである。黄色もまた付加される。生きている間にたくさんの人と接続するだろう。そのたびに様々な色が付加されていく。それは決して混ざらない。が、モザイク模様のように、あなたの中には彩りができ上がっていく。わかりやすく説明するために単純化したが、そもそも真っ白な人、真っ赤な人などという単色人間は存在しない。すべての人間は多種多様な色を持つモザイク型である。そうしたモザイク同士で接続することで、互いに違う色を取り込み合いしていく。それが、「接続するコミュニティ」における人のつながりの重要なところで、自分の中に新しい自分が生まれるというのは、そういうことである。

そして、混合ではなく、それぞれがモザイクとして独立の色を放つがゆえに、組み合わせによって「新結合」という自己のイノベーションが起きるのである。何色にもなれるのである。

自分の中に生まれた新しい自分というものは決して古い自分から消えてなくなるものではない。上書きされるものでもない。一度取り込んだ、誰かによって生まれた「新色」の自分はずっと自分の中にある。だから、今ここで出会った誰かによって取り込んだ「赤色」と10年前、20年前に誰かによって、もしくは何かを読んだり、体験したりすることによって生まれた「旧色」とが反応して、「新結合」する場合もある。ずっと忘れていた感情が、ある人と話をすることによって蘇ることとかあるだろう。ずっと聴かなかった思い出の曲をたまたま町で聞くことによって、当時の自分の状況を思い起こすこともあるだろう。

そうやって、人は何かの行動によって、その都度自分の中に新しい自分ができているはずなのだ。それが自分の中の多様性であり、決して自分はひとつの自分ではないということを理解することが大切だ。

一期一会の人のつながりでも、たった一度の経験でも、それを通じて自分の中に新しい自分が生まれたのだと思えれば、出会った人、経験したことのすべてに感謝の気持ちが湧いてくるだろう。

多様性の時代だのと口ではいいながら、その人自身がまったく多様性を認めないという矛盾した人物をよく見かける。それは、そもそも自分の中の多様性をまず認められていないからだと思う。

人生とは、長い年月に及ぶ経験や人とのつながりを経て、自分の中に新しい自分を生成していく旅なのだ。その自分の中にたくさんいる自分というものの存在を理解していればしているほど、自分というものはわからないということになるわけだが、それでいいのである。わかったつもりになって、勘違いして嘘の自分を生きるよりよっぽどマシである。大体、人間なんて、環境が違えばその環境に応じた人間にならざるを得ないし、相対する人間によって態度を変える必要だってある。カメレオンでいいのである。誰に対しても主張も態度も何も変わらない人間なんて独裁者である。

人とつながることを恐れる人

それでも、人間は誰しも、理由もなく苦手な相手というものはいる。意見や考えが合わない人もいるだろう。どんなに愛し合った恋人同士や夫婦でも、何かのきっかけで関係性が壊れてしまうばかりか、その後、憎しみ合う間柄になってしまう場合もある。

悪意を持って危害を加えてくる相手もいるが、相手としては善意のつもりの行為が、こちらとしてはとても迷惑な場合もある。こちらがよかれと思ってやった行動で相手を怒らせてしまった経験がある人もいるだろう。

「自分がいわれて嫌なことは他人にはいわない」と、よくいうが、本当に人を傷つけているのは「自分がいわれて平気なんだから他人にもいっていいでしょ」精神だったりする。

今ではハラスメント扱いされてしまう「結婚しないの？」「子どもは？」という大きなお節介発言もそのひとつである。「努力しよう」「頑張ろう」というポジティブマッチョ言葉もそれに類する。「自分の思う正義や善意は、他者にとってもそうであるはず」という思い込みをしている人は結構多い。

心理学者アドラーは「我々の悩みはすべて人間関係からくる」といっているように、人間関係とはなかなか複雑なもので、面倒くさいのだ。

そうした面倒を嫌がり、人とのつながりを極力避けてしまう人もいるだろう。傷つけられる可能性があるからといって、人とは関わらない方が本当によいのだろうか？　逆に、自分がよかれと思っていた言葉も誰かを傷つけてしまう恐れがあるから、誰にも何も話さない方がよいのだろうか？

勿論、最初見た瞬間から、奇跡的に互いに気が合って、共感し合える人のつながりもあるだろう。しかし、その刹那がずっと続く保証はない。「ずっと親友だよね」なんていい合っていた人とどれだけ親友関係が続いているだろうか。男女間でも「運命の出会いだ」などと錯覚して、結婚に至るカップルもいるかもしれないが、そうした夫婦のどれほどが離婚しているだろうか。俯瞰して見れば、あなたが誰かと親密な関係になった場合に、それが他の誰かの嫉妬心を喚起し、傷つけ、それによって最終的にあなた自身を傷つけないとも限らない。

善意だろうが、悪意だろうが、何も考えていなかろうが、人と人の関わりとは、相手または第三者に傷をつけ、傷つけられる可能性がある。

では、「人とのつながりなんてない方がいい」と思うだろうか。むしろ逆である。傷つくからこそ、気付くことができるのである。そもそも、「誰からも傷つけられたくない」とか「誰も傷つけたくない」という前提自体が無理な設定なのである。人との関わりというものは、大小あれど摩擦なのであり、互いに傷をつけ合う行為であると認識してほしいのだ。

本を読んだり、誰かの話を聞いて響いた言葉に出会った時など、心がチクリとする体験をした人もいるだろう。印象に残るとは「傷がつく」ということなのである。そして、傷がつけば、人間はそれを治癒しようとする力が無意識に作用する。再生しようとする。傷がつく前より、強くなろうとするのだ。傷ついたからこそ、強くなるのである。

人のつながりの重要なところはまさにそこにある。一生出会わないかもしれない人との一期一会の出会いも、「あいつ嫌いだわ」と第一印象で思ってしまった人との出会いも、何かしらの傷をあなたの中に残してくれた時点で、ありがたいものなのだ。

「傷なんかつけたくないし、痛い思いなんかしたくない」とは皆思うはずだ。勿論、命にかかわるような大怪我はしない方がいいに決まっている。嫌いだと直感的に思った人と我慢して付き合い続ける必要なんてない。最初から「傷つけてやろう」という悪意を持って近づいてくる者など論外である。だが、だからといって、傷を恐れて誰とも関わらないという無傷のままでいることこそが一番危険となる。それこそが「孤立」だからだ。

人が生きるということは何かしらの傷が伴う。傷をつけられ、治癒させ、何回もそれを繰り返して強くなる。最初は触れただけで痛みを覚えたような粘膜のような状態でも、慣れればどうってことはなくなる。傷をつけるのは摩擦である。人間関係の摩擦で傷がつくこともあるだろう。しかし、摩擦は血の出るような傷をつけることもある反面、温かくもなる。ぬくもりを伝えられる。

傷の痛みを知ったからこそ、傷になる摩擦と温かくなる摩擦の違いがわかるようにもなる。それは自分の気付きであると同時に他者への思いやりにも通じる。互いに傷の痛みを知るからこそ、相手の事も思いやれるようになるし、心が通えるのではないだろうか。

どんなにテクノロジーが発達しても、ロボットと人とのつながりでは心が満たされないのは、ロボットの心が傷つかないからだと、私は思う。

人とのつながりは、基本的には自分ではない相手と向き合うことでの違和感を生じる。しかし、その違和感がなければ、自分の中に新しい自分は決して生まれてこない。人とのつながりで傷つけられ、傷つけるというのは、それが人生において必要な行動なのであると同時に、生きている証でもあるのだ。

ネットの世界は実はつながっていない

「接続するコミュニティ」というと「それ、ネットの世界ですよね」と早合点する人がいる。勿論、ネットも重要な「接続点」のひとつであり、否定はしない。しかし、「接続するコミュニティ＝ネット」ではない。

リアルな世界では、自分と気の合う仲間と集まりがちという「イツメン（いつものメンバー）現象」が起きるが、ネットの世界でも同様である。特に、ツイッターなどのSNS上では、自分と似た価値観や興味関心を持つ人ばかりをフォローし、相容れない考えの人はミュートやブロックできる。その結果、特定の思考や信念が無意識に増幅されてしまう現象が起きる。それを「エコーチェンバー現象」という。

偏りができてしまうのは仕方がない。自分の部屋のベッドの上から、何気なくつぶやいた一言が大きくバズることがある。元々大量のフォロワーを持っているインフルエンサーでなくても、そういう現象が起きる。批判や非難ばかりの炎上ではなく、好意的な反応が多ければ、誰でも気持ちのいいものである。「大勢の人たちが自分の考えに賛同してくれた」「自分は承認された」と思ってしまうからだ。承認してくれた見ず知らずの人をフォローすることもあるだろう。

一度、その快感に浸ってしまうと、また似たような考えのツイートをするようになる。同時に、似たような人たちの意見ばかり目にするようにもなる。いつしか、世界中が自分の考えに賛同してくれているかのような錯覚に陥る。

リアルな世界ではたった2、3人の友達に共感してもらえただけでもうれしいのに、ネットの世界では何千、何万人もの人に共感されているという感覚に浸れてしまう。すると、人間とは不思議なもので、そうした自分を支持してくれる人たちが好みそうな事ばかりを書くようになる。勿論、自分の考えとまったく違うことは書かないが、支持や賛同を得るためには、より極端で過激ないい方が好まれるということも学習していく。このように、偏ったエコーチェンバーの中では、その偏りの環境の中にいるがゆえに、より極端に偏った行動が生まれていく。

当然、世界中が自分と同じ考えになることなどはないので、反対意見も寄せられるし、目にすることもある。すると、自分の意見が大多数だと信じて疑わないものだから、反対意見の人たちに「間違っている」と非難をするようになる。それどころか、同じように「間違っている」と感じるネットの仲間同士で共同して、その反対者を糾弾するようになる。一緒に糾弾すればするほど互いの仲間意識は強固になっていく。

まさに、「所属するコミュニティ」におけるウチとソトの関係性そのものである。本来、ネットというものは、所属や囲いという垣根を超えて、肩書や年齢や学歴なども関係なく、リアルな世界では交流が難しかった距離と世代の壁を超えられる「接続するコミュニティ」であったはずなのに、疑似的な「所属するコミュニティ」になってしまったようなものである。

リアルであろうが、ネットであろうが、結局いつものメンバーとだけつるんで強固な絆の中で安心を得るなら、それは所詮「所属するコミュニティ」の延長でしかない。「所属するコミュニティ」そのものは否定しないが、せっかくの「出場所」である接続点を単なる「居場所」にすり替えてしまっては本末転倒なのだ。

「人とつながる」ことはそれ自体が目的なのではない。あくまで手段である。「人とつながる」ことを通じて、自分の中の新しい自分を生み出すことこそが目的なのであり、手段と目的を混同してはならないだろう。

とはいえ、我々は日常の中でこの「手段と目的の混同」をよくやってしまう。もっともわかりやすい例は、「お金」の話である。我々が「お金を稼ぐ」または「お金を貯める」ということは、本来「そのお金で何をするか」という目的のための手段にすぎない。しかし、いつしか、「お金をどんどん稼ぐこと・貯めること」だけが目的化してしまう人が多い。

やがて、そういう人は、銀行口座にたんまりと預金を残したまま死ぬことになる。彼の人生は預金通帳の数字を上げるための人生だったのか。

繰り返すが、「人とつながる」ことは、自分の中の新しい自分を生み出すための手段にすぎない。いつものメンバーだけの安心環境から離れて、時には接続する人や事柄によって違和感を覚えたり、傷つくことも経験しながら、それでも安心な「居場所」を出て、「出場所」に行くという行動を通じて、新しい色を自分に付け足すことが目的である。

接続点が多ければ多いほど、そこには新しい自分が生まれる。接続点ごとに生まれる。たとえ、その接続点がなくなっても、そこで生まれた自分は残る。接続した他者がいなくなっても、そこで生まれた新しい自分は残る。結果として、接続点（出場所）が多ければ多いほど、残された新しい自分がそこにいることに気付くだろう。

そうして生まれた新しい自分を自分の中に取り込んで、自分の中にインサイドコミュニティ（モザイク状の色の自分）を作り出すことが、結果として自己の充実につながる。「八百万（やおよろず）の自分」で充満する自分の中のインサイドコミュニティである。そこにはいろんな自分がいていいし、いろんな自分がいるからこそ、その先の人生において、いろんな「新結合」という自己のイノベーションが可能となる。つまり、「人とつながる」ということは「自分とつながる」ということでもあるのだ。

利他なんていらない

拙著『結婚滅亡』の中でも書いた通り、私は「利他嫌い」である。決して利他的なことを否定しているのではなく、ことあるごとに「利他が大切」とか口に出す輩が大嫌いなのである。

たとえば、弱者救済的な活動において、「この活動は弱者を救済するためだから」という世間的に異を唱えにくい道徳的な大義名分の下で、結果的に私腹を肥やし、弱者を苦しめている悪徳な弱者ビジネス業者は少なくない。経済困窮者を救うフリをして、生活保護費の支給を支援するといいつつ、支給されたお金の一部しか本人に渡さず、大半を手数料として搾取する貧困ビジネスなども同様である。

勿論、誤解のないように申し上げるが全部がそうじゃない。そういう活動をしている人の中にも素晴らしい人はたくさんいるが、残念ながらそうじゃない人もいる。

弱者ビジネスや貧困ビジネスというと、よく弱者や貧困者のなけなしの金を巻き上げるとか、金のない者に借金させてでも金を搾取すると思いうかべるだろう。それもあるが、実のところ、弱者から搾取するのではなく、弱者を道具として公から搾取するのだ。弱者を集めて、我々は彼らを救うのだから国や自治体は金を出せと要求し、その金を懐に入れるのがその常とう手段である。だから、弱者は永遠に弱者であり続けてくれないと困るのだ。つまり、弱者を完全に救って、弱者のいない社会を作ってしまうことは彼らの詐欺的商売に反することになる。

「何もしないで文句ばっかりいってる奴より、やる偽善の方が価値がある」という意見もある。確かにその通りである。善か偽善かどうかなんてものはどうでもいい。本人が金儲けのためにやろうが、有名人になりたいためにやろうが、そんな心の奥底なんてどうでもいい。結果として誰かを救っているのであれば。

ところが、いわゆる悪徳業者の場合は、最初から救済するつもりなど毛頭ないし、事業目的として掲げた「弱者救済」を結果として実現していない、または、一応、やってるフりとか、体裁は整えるが、本来なら弱者に配分されるはずの国や自治体のお金を不当に中抜きしている場合もある。無論、正当な経費や人件費など必要な経費を差し引くのは当然である。無償でやる必要も、休みなくやる必要もない。だが、自分の懐を潤すために経費報告書や決算書を改ざんするのは問題である。公金を受け取っている立場なら猶更だ。

なぜそうしたことが起きるのか。本当に誰かを救っているかどうかに焦点が当たるのではなく、救済するという結果があろうとなかろうと、「利他的なことをやってます」というプロセスだけが評価されるようになっているからだ。弱者を救済することより、どれだけ自己犠牲的なポーズをとるかが重要になってしまう。だから、悪徳業者ほど利他や献身などという言葉を声高に叫ぶのである。

驚くのは、実際に弱者救済のNPO法人を運営する人間が、こんなことを堂々とSNSで発言したりしていることだ。

「大衆受けするように振る舞い、テレビ出演などで目立って寄付金を集め、政府にくっついて補助金をたくさんもらい、労働者からの搾取割合を高め、事業費は目的外に転用すれば儲かる」

弱者を救うことはどうでもよくて、弱者を救うという活動をしている自分は利他的な人間なのだから信用せよ、感謝せよ、敬え、善行をしているのだから何もしない奴は黙ってろ、何か文句をいったらそれは誹謗中傷とみなす、法的手段で訴えるという始末だ。もうメチャクチャである。これはある種の利他全体主義（リタ・ファシズム）といっていいのではないか。

80年以上も前にも同じようなことがあった。太平洋戦争へ向かう時代に、「お国のために」という言葉によって多くの若者が戦場に駆り出され、少ない配給の中でみんなが飢え、文句のひとつでもいおうものなら憲兵がやってきて投獄され拷問を受ける。それどころか、「お国のため」という利他に反する者はいないか互いに監視し、密告し合う社会になる。

カルト宗教の勧誘者がよく使う言葉に「あなたのためだから」というのがある。「献金するのはあなたのためだから」といいつつ、骨の髄までしゃぶりつくす。

政府の少子化対策にも似たような部分がある。今までやってきた政策のほとんど全部は少子化対策（出生数増）ではなく、子育て支援政策である。勿論、子育て支援は必要で重要だ。それは否定しない。しかし、子育て支援を充実させても、出生数は上がらないことは過去の実績を見ても明らかである。しかし、それでも相変わらず、少子化対策の名の下で行われるのは、児童手当の支給や子育て支援のためのお金をばらまくことだけだ。一見、まったく合理性にかける政策であるにもかかわらず、「未来の子どもたちのために」という否定できない大義名分によって、結果「未来の子どもたちが苦しむ増税」ということをやっている。しかも、この政策では絶対に出生数は増えないから、数少ない将来の現役世代がもっとも重い負担に苦しむ負の手助けをしているのだ。

会社の中でも普段は「健康が第一だ」なんてことをいいながら、部下に対して明らかに身体的にも精神的にも病むような労働環境を強要する上司はいる。これみよがしに利他を掲げる人間の多くが、表面上はにこやかな笑みを浮かべながら、自分の意にそぐわない誰かに対してはとことん追及して排除しようとする「害他」になる現象はよく見られる。やがて「利他的でない者は生きる価値がない」的なことをいい出して、利他全体主義に巻き込もうとする。私のようなことをいうと、すぐに「なんて利己主義で身勝手な人間なんだ。そんな人間はおかしい」と人格否定し、排除されてしまうのである。

利他的であることを絶対正義にする人間ほど他者から「利他的な人間」として承認され

ることを強く求める。なぜなら、自分が利他的存在であると虚飾しないと自分の利益にならないからである。だから、それを見破った者や自分を承認しない者は敵として攻撃し、排除し、結果として害他行動をする。言葉で飾り立てた「利他」を追及するために、結果的に「害他」になるのだ。

だから、ことさら口で利他などと披露しまくってる奴は信用ならないのである。結局、利他なんてことを崇め奉るから、結果や目的としての利他が蔑ろにされるのだ。

これみよがしに「利他的でなければならない」なんていう必要はない。結果として利他的な行動を、意図せずやっている人は大勢いる。社会というものは自然にそうやってできている。

そもそも個人の行動の起点など利己的でいいのである。自分の楽しみや欲のためでいい。そのために仕事をすれば、それが自分の報酬として返ってくるし、仕事をすることそれ自体が結果的に他の誰かの報酬を生んでいる。自分の楽しみのために消費をすれば、それは自分に楽しみを与えると同時に、どこの誰かは知らない人の給料になっているし、承認にも喜びにもなる。「自分を励ます」ために何気なくSNSでつぶやいた独り言が、もしかしたら人生に絶望した誰かをほんのちょっと笑顔にしているかもしれない。

毎日、仕事し、消費し、遊び、楽しんでいれば、それが循環して誰かのためになっているだけの話なのだ。無人島で誰とも接触せずに一人で暮らしているわけじゃないし、社会的に生きている以上、本人の意志とは関係なくそうなっているもの。利他なんて言葉をわざわざ使わなくても十分なのだ。

勿論、すべての利益を独り占めしようとする貪欲な人間もいるかもしれない。が、残念ながらそれはやがて自然に破綻することになるのは歴史が証明している。経済学におけるゲーム理論で有名な「囚人のジレンマ」でも証明されている。自分の利益を最大化しようと思えば思うほど相手や世間の利益を考えないと成り立たない。「情けは人の為《ため》ならず」というのはそういうことである。

聖徳太子が作ったとされる十七条憲法の最初に「和をもって貴しとなす」というのがあ

る。有名なのでみんな知っていると思う。あれは「みんな話し合って協調して」とか「中をとって仲良く」という意味でとらえている人が大部分だと思うが、あの「和」について、井沢元彦氏は『逆説の日本史1 古代黎明編』の中で非常にユニークな見解を示している。あれは「和」ではなく、「環（輪）」の意味でもあるというのだ。循環とか環状の「環」とは「わ」とも読む。

「環をもって貴し」と理解すると、白と黒、西洋的な二項対立ではない、日本人がもっとも大切にしてきたルーツのようなものが見えてくる。味方と敵、勝者と敗者という直線的な関係性ではなく、全然関係のない他者も含めて巡り巡ってよしとするという発想。それは決して全体のために我慢や自己犠牲をしろということでもない。むしろ、自己の利益を最大化するためには、一人占めするのではなく利益をシェアするのが一番得という結論に達するものでもある。なぜなら、個人もまた「環」の中のひとつなのだから。

ちなみに、私は、利己や利他という表現もなるべく使わない。個人が個人のしあわせのために行動する「利個」がまず先で、「利個」の最大化を図るには当然周りの人間の迷惑や感情も考える。考えられない者は結局「利個」的行動がとれていないことになる。最初は周囲を欺いて自分だけ得をするようなことが成功しても、それはすぐに見破られて、次回以降誰も相手にしてくれなくなる。それは長期的に見れば完全なる損になるのである。かといって、周囲の利益ばかり考えて、自分の得をまったく考えられないのなら、それは長期的に見れば「生きていけない」だけのことである。バランスが重要なのだ。

まず「利個」を獲得する。その「利個」は同時に周囲の得にもなっていないと成り立たない。自分にも周りにも得になる落としどころは、世間的にも評価される。まさに、近江商人のいう「三方よし（売る側も買う側も世間にも喜ばれる）」の精神そのものである。「利個」を得られる人は当然ながら自己のしあわせを得ている。しあわせな人には他者にもそのしあわせをおすそ分けできる心の余裕が生まれる。何かの時に、今度はその自分のしあわせそのものをシェアすることができるかもしれない。いつも笑顔でいる人は、周囲の人も楽しい気分にさせるもので、そういう無形の価値のおすそ分けもひとつのシェアである。

反対に「利個」を得られていない人はどうだろう。しあわせになることもなく、むしろ「いつも自分ばかり損している」という被害者意識に支配されてしまう。そうすると得する他者を妬み、攻撃するようになる。攻撃されたら誰だって気持ちのいいものではない。関わりたくないと思われる。そうやってどんどん人とのつながりが遮断されていき、いつしか「利個」を得られない者は社会的に孤立していくのである。

たくさんの「利個」を積み上げられる者だけが、自分の得をシェアできる。つまりは「利個」こそが「利多」になるのだ。利他ではない「利多」なのである。

利群ではいけない。それは「所属するコミュニティ」の精神であり、確かに「みんなでしあわせになろう」というのは正論に見えるのだが、群のしあわせと個のしあわせとは必ずしも一致しない。それどころか、群のしあわせのために個は我慢しろというロジックが容易に生まれる。それが同調圧力の暴力となるのだ。

しあわせ資本主義へ

子どもの教育論などで、よく「子どもにはせこい損得勘定など刷り込むな」などというのがある。損得で動くように教育してしまうと、たとえば金銭的な損得至上主義になり、「得だから動く・損だから動かない」という子どもに育ってしまうからというものらしい。

これは、まったくもって「損得勘定」というものを理解していない者の思考だと思う。むしろ、子どもの頃から、損得勘定を理解させ、物の売り買いにおける流通構造とそこにどれだけ多くの人が介在して成立しているかという、「商いの基本」である循環構造を理解させた方がいい。

1個100円のチョコを買うとする。100円を店員に渡せばチョコが手に入る。しかし、その100円という値段はどうやって構成されているかを大人でさえ知らない人は多い。100円の中にはまずお店の利益がある。それを仮に10円としよう。残り90円の中には、お店の人の人件費が含まれている。これも10円としよう。さらに、店の経費がある。家賃や光熱費、納品などにかかる配送費、消耗品費などである。それらが30円かかっているとしよう。そして、忘れてはいけないのは、光熱費や配送費や消耗品費など個別の費目の中にも小さくそれぞれの人件費が入っている。残り50円が製造原価というものである。チョコを製造するコストやそれに関わる経費もそこにある。当然その中にも、そこで働く人の人件費がある。製造過程での家賃や光熱費や配送費もある。さらに細かくいえば、砂糖やカカオを生産する農家の人達の人件費も含まれている。

つまり、あなたが支払った100円で、あなたは店員のお給料10円に加え、それに関わる不動産業や配送業や消耗品製造業、さらには生産業及びそれに付随する多くの人たちの給料を払っていることと同じなのである。

さらに、その10円の給料をいただいた店員もどこかで別の消費をする。すると、その10円の中からまたどこかの誰かの給料が生まれる。それが延々と続く。そういう循環構造になっている。100円の価値は、消費をすることでどんどんその価値が100円以上になって巡るのである。

しかし、それはあなたが「チョコを食べたい」という気持ちで100円の消費をしたからこそ生まれた循環であり、貯金ではその価値は1円も増えない。

「誰かのために」とか利他とかわざわざいう必要もない。自分の好きなモノを自分の欲望のために使えば、結果としてそれが誰かのためになる。使えば戻ってくる。経済を回すとはそういうことなのだ。とかく、節約とか倹約が美徳で、浪費は悪とみなされることが多いが、節約とか倹約とか貯金の方がよっぽど利己的で自己中心的な行動となる。

なぜこんなことを書いているかというと、この循環構造こそが、ひとつの「接続するコミュニティ」でもあるからである。物々交換時代の商いとは異なり、貨幣経済による商いというものは、誰かが必要とするモノを貨幣で交換し、その受け取った貨幣で、また別の人間が自分の必要なモノを自由に調達することができる。貨幣や紙幣などは所詮ただの金属や紙でしかないが、人々の信用があるからその取引が成り立っている。モノと貨幣の交換という接点が人と人との接続するコミュニティであり、そのネットワーク上を貨幣が流通することによって、多くの人のしあわせが生まれる。まさに「利多」行動なのである。

ひとつの買い物行動であれ、それは私たちの小さな「接続するコミュニティ」なのだ。

第二章で、「結婚したらしあわせになるのではない。しあわせな人間が結婚しているのだ」という話を書いた。また、しあわせとは状態ではなく、行動であり、ウェルビーイングではなく、ウェルドゥーイングであるという話もした。利個と利多の話の本質はまさにそこであり、誰もが、目に見えない関係性の中でも、大きなひとつの「環」の中にいることを感じて、利個行動をすることによって、巡り巡る利多を生み出すということを意識してほしいと思う。

それは、利個という個人の「仕合わせる」行動をひとつの資本として、概念的に自分のしあわせ資本を増やすことと同義である。行動することで生まれるたくさんの自分がいるとする。それは、いわば「しあわせ資本主義」のように、どんどん資本が資本を生み出していく。ここでいう資本とは各個人の「しあわせ」である。

人や経験とつながるたびに新しい自分が自分の中に生まれるということも仕合わせ行動であり、自分の中にたくさんの自分が充満しているからこそ、他者に対して刺激や影響を与えることができる。他者の中に他者にとっての「新しい自分」を生み出す手助けができる。これもまた「新しい自分」というもののシェアをしているようなものだ。

『資本論』を記したカール・マルクスは、「買い手が貨幣を手放すのは、再び貨幣を手に入れようとする狡猾なもくろみのためである」と、資本家を揶揄するようないい方をしているが、しあわせな人間がさらに仕合わせ行動をすることによって、より大きなしあわせを実感することは悪なのだろうか。その過程において、彼の仕合わせ行動は多分他者に対しても何らかの「しあわせ」を分け与えているはずなのである。むしろ、しあわせを独り占めにして、何の行動も起こさない者はどうなんだろう。

しあわせを資本に置き換えてみた時にわかるのは、自分のしあわせのためであれ、他者をしあわせにできるのは個人の仕合わせ行動が起点になるということである。そして、たとえ、自分の行動で誰かがしあわせを享受したとしても、いちいち「私のおかげ」などと恩を売る話ではないはずだ。そんな些細な事にこだわる人間ほど、「私がこれだけいろいろしてあげたのに……」などという被害者意識によって他者を不幸にする。他者と関わって相手に何かしらの恩恵があったとしても、同時に自分自身も恩恵を受けている。お互い様なのである。

フランスの経済学者トマ・ピケティの有名な「r＞g」という不等式がある。rは資本収益率、gは経済成長率であるが、ざっくりいえば、gは「みなさんのお給料」で、rは「金持ちの資産」である。つまり、どんなに頑張って働いたとしても、周りの全員分の給料を合計したとても、一握りの金持ちの持つ総資産とその資産運用によってもたらされる莫大な収益にはかなわないという身も蓋もない話である。確かにこれは資本主義の矛盾と格差発生のメカニズムを表現したものだが、これをお金と考えずに「しあわせの量」と考えると話は違ってくる。

お金持ちがどんどんお金を増やすように、しあわせな人はよりしあわせを感じられるようになる。行動すればするだけしあわせは貯まるようなもの。貯まったしあわせは勝手に複利で増えていく。増えたしあわせはあふれ出て、誰かに自然と分け与えられる。いつも笑っている人は周りにいる人も笑顔にするように。

視点と視座を変えれば世界は勝手に変わっている

残念ながら、日本のソロ社会化は不可避である。

独身が人口の半分を占め、一人暮らしが4割になる。男の生涯未婚は3割となり、女も2割を超える。婚姻数も出生数も今後増えることはないだろう。そもそも、対象となる婚姻する若者、出産する女性人口の絶対数が減っているためである。何十年先までわかりきっている出生数減少の話を毎年のように、さも今始まった危機のようにメディアは報道するが、それに煽られてはならない。

伝統的な家族の数も減る。そもそも結婚しても、家族になったとしても、いずれ子は独立し、配偶者とは死別する運命にある。終身家族でいられるなんて幻想である。結婚が作られず、家族が消滅していく未来がやってくる。

人口推計によれば、2100年には日本の人口は今の半分の約6000万人程度になる。多少の誤差があったところで、大きく人口が減少することは間違いない。出生率が改善されないのなら移民を増やせという意見も相変わらずある。が、日本はすでに海外から出稼ぎにくる魅力のある賃金水準の国家ではなくなっている。その上、日本だけではなく世界的にも少母化なのである。それがために、海外諸国も出生率は下がり、高齢化比率が高まり、早晩日本と同じ道を歩むことになる。

しかし、それは「絶望の未来」なのだろうか。むしろ、こうして危機だと騒ぎ立てる大人が、絶望の未来という刷り込みを若者や子どもたちにしているのではないのか？

結婚も家族も完全に絶滅してしまうわけではない。「恋愛をするな」といわれても、する者はする。というより、義務や意志で恋愛などしていない。恋愛とは意志に関係なく、気が付いたら落ちているものだ。本書に書いた「恋愛強者3割の法則」とは不思議なもので、どんな時代背景であれ、世代が変わろうとも、恋愛する者はする。たかだか100年の皆婚時代で勘違いしているかもしれないが、恋愛はいわば向き不向きがあり、そもそも誰もができるものではない。そして、それによって人間の価値が決まるものでもない。

独身が5割を占めるといっても、それ以上増えることにはならないだろう。適当なことを書いているわけではない。恋愛強者は3割とはいえ、実際の夫婦調査をすると夫婦のどちらかが強者である割合は5割を占める。恋愛強者同士でマッチングするわけではないからだ。3割の強者が、夫婦全体の半分を作っている。全員が結婚するという皆婚が絶対善ではない。全員が同じような人生をコピーロボットのように過ごす、かつての人生すごろくの方が異様だったのである。

夫婦の仲でも役割分担があっていい。「夫は外で仕事、妻は家で家事育児」のような役割分業を顔を真っ赤にして非難する界隈がある。親の仇のように専業主婦をののしる界隈がある。しかし、その夫婦が互いの合理的な選択によってそれを決断したのであれば、他人がとやかく口を出すことではない。専業主婦だって働いている。すべての夫婦は共稼ぎでなくても共働きなのだ。

多様性といいながら、多様性を認めない界隈もある。自分たちだけの思想の「所属するコミュニティ」を作り上げて、片っ端から敵認定して血祭りにあげる活動家もいる。いろいろいる。

しかし、そういう人たちにもそれぞれの役割があるのだろう。共感もしないが否定もしない。「所属するコミュニティから接続するコミュニティ」へと提唱しているが、それは決して、今でもたくさんある既存の「所属するコミュニティ」を消そうとしているわけではないし、消滅することもない。

国家とか、イデオロギーとか、思想とか、職場とか家族とか、そういう「群・団・枠」だけに依存するのではなく、一人一人が水のように、時と場合と相手に応じて様々にカタチを変えて、ひとつの流れの構成要素としての役割を果たしていけばいいのではないか。

また、そもそも現在の独身人口増を決定づけたのは、1970年代の第二次ベビーブーム期に生まれた団塊ジュニア世代とも氷河期世代ともいわれる人たちの独身人口によるものである。独身人口といっても20－30代の若者より、この世代以上の中年独身人口の方が多いのだ。

残酷なことをいうようだが、そんな彼らも2100年までにはすべて死亡する。今後の人口減少の大部分は、高齢者の死亡という多死化によるものであることは、本書で述べた通りだ。しかし、それは、ある意味では、あと80年かけて人口ピラミッドが補正されていくということでもある。

その時期まで、独身者であっても、子がない者であっても、「接続するコミュニティ」の刹那の一員として、互いに助け合っているのである。

従来の家族というカタチが失われていくからといって、無理やり血縁のない者同士が共住するような形態を目指す必要もない。それこそ、血縁がないだけの原始的な縛りを生むだけで先祖返りでしかない。そもそも共住を前提としている時点で不自由な「所属するコミュニティ」なのだ。

一緒に住んでいなくても、リアルに対面したことがなくても、何かしらのカタチで互いが互いの役に立っていることを実感できるのであれば、それこそが新しい家族のカタチではないか。所属などしなくても、接続することで協力し合える。それが家族の新結合の方向なのではないか。

「個人化する社会」という言葉は大抵ネガティブな意味で使われる。「孤独」は悪いものだと偏った見方をされる。家族がいない、友達がいない、一緒に食事をする相手がいない、という誰かと一緒でなければしあわせになれないという勝手な決めつけがある。

しかし、大事なのは、結婚しているとか、子がいるとか、友達に囲まれているとか、表面的な見せかけの状態にしあわせがあるのではなく、私たち一人一人の行動によって、どこで誰とまたは物と何を「仕合わせる」のかであり、そこが問われているのである。つまり、「それぞれの行動の接続こそが仕合わせ」なのだ。そのためにはリアルな接点もネットの世界も、活用できるものは活用し、但し、決してそれだけに唯一依存するのではなく、たくさんの依存先と選択肢を多層化し、場合によってはすぐに「逃げ出せる」ことも必要なのである。

善とか悪とか、正しいとか間違っているとか、白とか黒とか、世の中はふたつしか選択肢がないわけではない。そして、自分自身も決して一人ではない。自分の中に新しい自分を生み出し、たくさんの色を身に付ければ、安心できるコミュニティは自分の内面に作り出せる。だからこそ、自分の外側の出場所（他者や自然とのつながり）を大事に、感謝を持って接することができるのだ。

出場所とは一人一人の行動である。一人一人の行動にすでに意味がある。行動するとは「生きている」ことそのものなのである。

そして、一人一人の行動は必ず誰かとつながっている。仕合わせている。

新しい自分を生み出すとはスマホのアプリのインストールのようなものである。実は本当の自分などない。入れ物としての器しかないのだ。行動や人・物とのつながりによって都度アプリがダウンロードされていく。場合によっては使わないアプリもどんどん増えるかもしれない。しかし、それが自分なのだ。決して上書きはされない。積み重なるだけである。無駄もある。非合理的でもあり非効率的でもある。理不尽でもある。しかし、ある時に無駄だったものが、ある時には必要なものになることもある。自分にとって無価値なものが誰かにとってとてもありがたいものにもなる。自分の中の自分は断捨離できない。幾重にも重なり、何重にも塗り重ねるからこそ筆舌に尽くしがたい深い色味となる。発酵といってもいい。時には、腐敗することもあるだろう。しかしその腐敗は新たな発酵のための栄養となる。循環する。自分の中で循環していく。昨日の自分は今日の自分とは違う。

相手もそうだ。人間がたえず「新結合」しているのだから社会も「新結合」できる。

「接続」は、今生きている人間とは限らない。死人ともつながる、誰もが死ぬが、だからといって誰も生きてなかったわけじゃない。死んだ人もかつて関わった証として、自分の中に生き続けている。反対に、あなたが死んでも、関わった人の中にはあなたがいる。

一人で歩いているような道でも、決して誰もが独りではないのだ。

あとがき

日本の昔話の中にある「うぐいすの里」というお話をご存じだろうか。

こんな話である。

「木こりの若い男が、いつもの森に見たこともない館を発見する。そこには美しい女がいた。女は男に留守を頼んで外出するが、奥の座敷は決して見ないでといい残していく。しかし、男はこの禁を破って奥の座敷に立ち入ってしまう。そこにあったのはうぐいすの卵だったのだが、男はあやまってその卵を落として割ってしまう。帰ってきた女は割れた卵を見てさめざめと泣き、うぐいすの姿になって飛び立っていく。同時にそこにあった館もなく、元の森の中に男はたたずんでいた」

昔話によくある「見るなの禁」を破った男が女から見放されてしまうという話だが、これは決してバッドエンドの話というより、むしろ本書で繰り返しご紹介した「接続するコミュニティ」の話ではないかと私は考えるのである。

男はいつもの森を訪れている。見知った場所のはずだ。そこに今まではなかった女の館を発見するのだが、館は急に発生したのではなく、前々からそこにあったのだ。単に男は、興味がなかったからそれが目に入っていても記憶に残っていないだけなのだ。

こういうことは我々も普段の生活の中で経験があるだろう。現実にそこに存在しているものでも、我々は個々人が認識しない限り、存在していないと同じことになる。

それがその日は、なぜかその館に気付いたということなのだろう。そして、その館の女と出会った。これは「接続するコミュニティ」における人とのつながりである。

女の留守中に「見るなの禁」を破って奥の座敷を見てしまうのは、衝動ともいうべき「行動」である。そもそも昔話における「見るなの禁」とは禁止令そのものではない。ましてや「見るなというルールは破ってはいけない、破ったら罰が当たる」というような道徳的教訓でもない。あれは「人間の好奇心」そのもののメタファーである。「見るな」といわれれば必ず「見てしまう」のが人間の性なのだ。だから、昔話の「見るなの禁」を破らなかった登場人物は一人としていない。

つまり、「接続するコミュニティ」において「人とのつながり」が呼び起こした「好奇心」は、必ず行動という形で実行される。

その結果、何が起きるか。昔話の中では「女が消える」のだが、別に消えていいのである。なぜならそれは「接続するコミュニティ」における刹那な接続であるからだ。たとえ消えたとしても、館を発見し、女と出会い、奥の座敷を見たという行動は残る。そして、その行動によって、間違いなく「行動したことによって生まれた自分の中の新しい自分」がいるはずなのだ。それによって、この男にどんな変化があるかまでは物語は用意していないが、もしかすると、また明日森を訪れた際には、「今日生まれた新しい自分」による新しい視点によって、今まで気付かなかった別の館や滝や木々を認識するかもしれない。いつものかわり映えのしない（と自分が思っていただけの）森が、実に潤沢な資源に満ちあふれた森だったことに気付くかもしれない。

その女との出会いが、未来永劫継続することだけが是ではない。人生のたまたまその一瞬に出会っただけの女により、その先の人生の彩りが変わるという意味でもあるのだ。

民俗学者の折口信夫は「マレビト」という概念を提唱した。自分たちの村落の構成員ではない、外部から「稀に」訪れる客人を神であると見立て、もてなす習俗である。多くの昔話からもわかるように、不意に訪れた旅人に対しては、排除するのではなく、やさしくもてなすのが常である。共同体の一員になるのであれば「郷に入っては郷に従え」という従属が強要されるが、「マレビト」はあくまで接続するだけである。

旅人の視点においては、村人や村の家々は「接続するコミュニティ」であり、「出場所」であるが、村人の視点においても、強固な「所属するコミュニティ」の中にあって、マレに訪れる「接続するコミュニティ」だったのではないか。だからこそ、それを神として崇め、祭りのような形で今に伝承しているのである。

そう考えると「接続するコミュニティ」とは、「所属するコミュニティ」よりはるか前より日本人の中に息づいている魂のようなものかもしれない。

参考図書

アンデシュ・ハンセン　久山葉子（訳）『ストレス脳』（新潮新書　2022）
安藤寿康『日本人の9割が知らない遺伝の真実』（SB新書　2016）
アントニオ・ダマシオ　高橋洋（訳）『進化の意外な順序　感情、意識、創造性と文化の起源』（白揚社　2019）
池谷裕二『脳には妙なクセがある』（扶桑社新書　2013）
井沢元彦『逆説の日本史1　古代黎明編／封印された［倭］の謎』（小学館文庫　1997）
伊藤亜紗　中島岳志　若松英輔　國分功一郎　磯﨑憲一郎『「利他」とは何か』（集英社新書　2021）
河合俊雄（編）　河合隼雄『定本　昔話と日本人の心〈物語と日本人の心〉コレクションⅥ』（岩波現代文庫　2017）
岸見一郎　古賀史健『嫌われる勇気　自己啓発の源流「アドラー」の教え』（ダイヤモンド社　2013）
佐々木潤之介『日本家族史論集3　家族と国家』（吉川弘文館　2002）
ジョセフ・ヘンリック　今西康子（訳）『文化がヒトを進化させた　人類の繁栄と〈文化‐遺伝子革命〉』（白揚社　2019）
ジョナサン・ハイト　藤澤隆史（訳）　藤澤玲子（訳）『しあわせ仮説』（新曜社　2011）
橘玲『幸福の「資本」論』（ダイヤモンド社　2017）
ターリ・シャーロット　上原直子（訳）『事実はなぜ人の意見を変えられないのか 説得力と影響力の科学』（白揚社　2019）
鳥海不二夫、山本龍彦『デジタル空間とどう向き合うか 情報的健康の実現をめざして』（日経プレミアシリーズ　2022）
夏目漱石『私の個人主義』（講談社学術文庫　1978）
西田幾多郎『善の研究』（岩波文庫　1979）
ノリーナ・ハーツ　藤原朝子（訳）『THE LONELY CENTURY なぜ私たちは「孤独」なのか』（ダイヤモンド社　2021）
ハンナ・アーレント『全体主義の起原』（みすず書房　2017）
マイケル・サンデル　鬼澤忍（訳）『実力も運のうち 能力主義は正義か？』（早川書房　2021）
三木清『人生論ノート』（新潮文庫　1978）
山岸俊男『社会的ジレンマ「環境破壊」から「いじめ」まで』（PHP新書　2000）
山岸俊男『日本の「安心」はなぜ、消えたのか 社会心理学から見た現代日本の問題点』（集英社インターナショナル　2008）
横山紘一『唯識の思想』（講談社学術文庫　2016）
リチャード・ドーキンス　日高敏隆（訳）　岸由二（訳）　羽田節子（訳）　垂水雄二（訳）『利己的な遺伝子〈増補新装版〉』（紀伊國屋書店　2006）

荒川和久［あらかわ・かずひさ］
広告会社にて自動車・飲料・ビール・食品など幅広い業種の企業業務を担当したのち独立。ソロ社会やソロ文化、独身男女の行動や消費を研究する「独身研究家」として、国内外のテレビ・ラジオ・新聞・雑誌・WEBメディアに多数出演。著書に『結婚滅亡「オワ婚」時代のしあわせのカタチ』（あさ出版）、『結婚しない男たち　増え続ける未婚男性「ソロ男」のリアル』（ディスカヴァー携書）、『超ソロ社会』（PHP新書）、『ソロエコノミーの襲来』（ワニブックスPLUS新書）など。

図版作成：梅里珠美（北路社）
校正：玄冬書林
DTP：昭和ブライト
編集：竹下亜紀

「居場所がない」人たち
超ソロ社会における幸福のコミュニティ論

二〇二三年　四月五日　初版第一刷発行

著者　荒川和久
発行人　下山明子
発行所　株式会社小学館
〒一〇一－八〇〇一　東京都千代田区一ツ橋二ノ三ノ一
電話　編集：〇三－三二三〇－五一一五
販売：〇三－五二八一－三五五五

印刷・製本　中央精版印刷株式会社

Printed in Japan ISBN978-4-09-825443-9